発達障害グレーゾーンの部下たち

舟木彩乃

SB新書
672

はじめに

本書を手に取ってくださり、ありがとうございます。近年、発達障害に関する情報が増えていますが、職場にいる彼らとともに仕事をすることについては、必ずしも正確な理解が広がっているとはいえません。「グレーゾーン」は、発達障害の傾向がありながら、その診断がついていない人たちです。なおさら正確な情報は、みなさんに伝わっていないのではないでしょうか。この本は、職場にいる発達障害の「グレーゾーン」と呼ばれる人たちと、どのように関わっていけば良いのかについて書いています。

私は、カウンセラーとしてこれまで、行政機関・民間企業・病院などで約1万人の悩みを聴いてきました。その中には、グレーゾーンの人たち、さらにその上司や部下に当たる人たちもたくさんいました。

発達障害には、コミュニケーションやイマジネーションが難しい、空気が読めない、整理整頓が苦手など「生きづらさ」につながる特性があります。発達障害はいくつかに分類され、基本的に違う診断名がつき、診断名ごとに出現する特性に違いがあります。しかし、違う診断名でありながら同じような特性が出現したり、個人や環境によって出現の強度に違いがあったりして、少々ややこしいものでもあります。

発達障害というのは、明確に診断できないものなのか……と思う人がいるかもしれません。精神疾患一般に該当することですが、発達障害は健康診断のように数値や画像で判断するのではなく、症状を診断基準に当てはめて判断します。そのため、発達障害に限らず、精神疾患は診断が難しいといわれています。

では、グレーゾーンはどうでしょうか。「グレーゾーン」という言葉は、まだそれほど浸透していないように思います。最初に述べたように、グレーゾーンは発達障害の「傾向」があることで、「グレーゾーン」という診断名が存在するわけではありません。自分は発達障害かもしれないと思って医療機関を受診した場合、その傾向はあるものの診断名がつくほどではないときに、医師から「発達障害の傾向があります」などと告げられます。グレーゾーンは、発達障害以上に、正確に定義することが難しいといえるのです。

さらにグレーゾーンの場合、発達障害よりも特性の凹凸が少ない傾向があります。そのため、本人なりになんとか環境に適応しようと無理をし続けて、努力次第でどうにか適応できたりもします。しかし、それゆえに心身ともに疲弊してしまうというグレーゾーン特有の大変さがあるといえます。

一方で、上司もグレーゾーンの部下に対し、たとえば次のような特有の悩みや疑問を抱えています。

・締め切りに毎回少しだけ遅れてくる（ほんの少し時間を意識すればいいのでは？）。
・些細なことなのに、自分の主張を曲げない部下に疲弊している（どうでもいいポイントなのに……）。

・毎回、同じミスをするためメモをするよう指示し、のちほどメモしたものを見るように言うと、「どこにメモしたか忘れました」などと平気で答える（あまりやる気がないのか……）。

グレーゾーンの部下を持った場合の〝特有〟の苦労とは、小さな「困りごと」が連続することといえるかもしれません。

多くの企業でカウンセリングをしていると、「部下の困った言動」に振り回され、疲れ果てて相談にくる上司は少なくありません。注意や叱責がパワーハラスメントにならないよう、細心の注意をはらってフォローしているうちに、自分の仕事が回らなくなる上司もいます。自分には管理能力が欠けているのではないかと悩み、うつ状態になってしまう上司もいます。

さらに最近では、「上司がグレーゾーンかもしれない」という相談も増えてきました。その多くは、パワーハラスメントが疑われる上司が、実は発達障害やグレーゾーンではないかという相談です。

たとえば……

・急ぎで資料をつくっているのに、上司から独特のマイルール（見出しは特定のフォントを使うなど）を押しつけられ、違うと何度でもやり直しを命じられる。

・いつの間にか予定や考えが変わっていて、上司の指示でやっている仕事を、「もうそれはいいから」などと平気で言われて無駄にさせられる。

このような相談は、今年に入ってから急増した印象があります。首長や議員など公職にある権力者のパワーハラスメントがマスコミの取り上げるところとなり、もしかしたら自分の上司もそうかもしれないと思う部下が増えてきたのでしょう。報道と類似する案件が行政・民間を問わず表面化し、相談が増えているようです。そのため本書では、グレーゾーンの上司を持った部下の対応法についても取り上げています。上司と部下、どちらがグレーゾーンであったとしても、職場環境に上手く適合できていなければ「困りごと」が発生します。それを放置すると、本人はもちろん、上司や部下にとってもストレスが大きく、働きにくい職場になってしまいます。

筆者は、究極的には、本書が誰もが安心して働ける職場づくりについて、具体的に考えるきっかけになればと思っています。グレーゾーンの彼らが独特の言動にいたる理由を知り、どのような対応法を取り入れれば良いか理解しておくことは、当事者の周囲の人々の心を守ることにもつながります。

現在、多くの企業が経営理念に取り入れ、広がりを見せているＤＥ＆Ｉ（ダイバーシティ・エクイティ＆インクルージョン）という概念があります。ＤＥ＆Ｉは、企業の理念や経営方針に多様性・公平性・包摂性といった価値観を取り入れることで、多様な人材を受け入れて公平な機会を提供し、互いに成長できる環境を目指そうというものです。

グレーゾーンの人が持つ特性もまた、会社の課題として受け止めクリアしていくことが、組織全体の成長のチャンスとなります。当事者やその上司・部下だけで悩むのではなく、そのように捉えて対応していく組織であることが重要ではないでしょうか。

本書では、第1章でグレーゾーンについての定義、第2章でグレーゾーンの主な特徴や生きづらさ、第3章では職場で起こりうること、第4章ではコミュニケーションについて、第5章では具体的なサポート方法、第6章では組織としてできることや、サポート側の心を守ることについて、事例を用いて説明します。おわりにでは、筆者自身のエピソードを交えながら、私の考えについて少し紹介したいと思います。

本書でこだわった点は、すべての章に事例（相談者のプライバシーを保護するため、実際のカウンセリング事例に適宜改変を加えています）を入れたことです。さまざまなケースに触れることで、グレーゾーンとはどういうものなのかを把握し、働きやすい職場づくりの参考にしていただけたらと思います。

発達障害グレーゾーンの部下たち　目次

第1章

「診断名」がつかないグレーゾーンの人たち

第１章　５つのポイント

1－①	発達障害グレーゾーンとはなにか？
p21～	「発達障害」と発達障害の特徴を持たない「定型発達」の中間をグレーゾーンという。 「発達障害＝困った人」というわけではない。
1－②	グレーゾーンのグラデーションとは？
p25～	発達障害の特性が明確にあるわけではなく、環境により特性が強くなったり弱くなったりする。グレーゾーンの中でも発達障害に近い場合、発達障害と診断されることもあれば、されないこともあり、グレーゾーンの難しさの１つとなっている。
1－③	障害者手帳がない場合、会社はどうすればいい？
p29～	本人が合理的配慮を求めた場合、職場は過重な負担にならない範囲で、措置を講じることが求められる。手帳がなく情報が共有されていないと、会社側から配慮をしてもらえないこともあるので、本人と組織側は対話を重ねる必要がある。
1－④	部下がグレーゾーンかもと思ったときはどうする？
p39～	部下の言動に悩まされ、すでに人間関係がこじれていることもある。また、上司が会社から管理能力を問われることもある。発達障害か否か、診断のつかないグレーゾーンなのかどうかにこだわらず、職場でどんな困りごとが起きているかにフォーカスする。
1－⑤	グレーゾーン社員へのサポートはどうすればいい？
p39～	サポートが必要な範囲や方法について、どのように対応すべきか迷うことが多く、サポートスタッフにストレスがかかりやすい。指示を具体的に伝えたり、丁寧にヒアリングして具体的な仕事の手順をマニュアル化したりすることが重要である。

発達障害グレーゾーンとはなにか

「定型発達」と「発達障害」

みなさんの部下に、次のような項目に当てはまる人はいないでしょうか。

・場の空気や雰囲気を読むことが苦手
・表情や声の抑揚が乏しい
・ルーティンを乱されると不快感を表す
・悪意はなさそうなのに、よく人を怒らせている
・音にストレスを感じやすい

これらは「発達障害」に見られる特徴の一部です。発達障害は、脳のさまざまな機能の発達に関する障害のことを指し、先天的（生まれつき）なものとされています。

カウンセラーである筆者は、このような特徴によって職業生活が妨げられているようなケースの相談を受け、「部下は（自分は）発達障害の可能性があるのではないでしょうか？」と聞かれることがあります。近年、「発達障害」という言葉が広がってきたからだと思いますが、実は発達障害という単一の疾患があるわけではありません。

発達障害とは、後述する「自閉症スペクトラム障害：ＡＳＤ（Autism Spectrum Disorder）」（以降、自閉スペクトラム症またはＡＳＤ）や「注意欠如／多動性障害：ＡＤＨＤ（Attention-Deficit/Hyperactivity Disorder）」（以降、注意欠如・多動症またはＡＤＨＤ）などの障害の総称です。さきほどの特徴も、ＡＳＤとＡＤＨＤに見られるそれぞれの特徴を挙げたものです。職場の発達障害に関する相談で圧倒的に多いのがこの2種類であることから、本書ではＡＳＤとＡＤＨＤを対象として「発達障害」という表現を使います。

ところで、程度の差こそあれ、冒頭の項目のどれかに自分も当てはまるという人が多いのではないでしょうか。発達障害がどの面で現れるかには、個人差があります。

脳は、エリアによって役割が異なるため、抜群の記憶力を持っていても会話が苦手だという人もいれば、面白いアイディアをたくさん出せるけれどルーティンワークは苦手だという人もいます。

私たちは誰もが発達障害的な特性を持っていますが、その特性の程度が著しいものではないため、いま生活している環境の中では問題になっていないだけだともいえるのです。環境や時代によっては、先述した発達障害の特性が問題にならないこともあります。そのため、歴史上の有名な学者や芸術家などには、高い割合で発達障害的な特性を持つ人がいたとされることが知られています。

たとえば、職場に物怖じせず自分の意見をどんどん言えるタイプの人がいるとします。その人は、その組織では評価が高くても、別の組織では「空気が読めない人」になってしまい、本人は仕事がやりにくいと感じることがあります。しかし、脳機能のある部分に他の人と多少の差があったとしても、社会生活や自分自身の心に大きな支障をきたさずに適応できているのであれば、「障害という枠に完全に入る」ということにはなりません。社会生活に支障がなければ、発達障害の診断基準に当てはまる特性を持っていても「発達障害」とは診断されないことになります。

そもそも、発達障害か否か明確な線引きをすることは難しいといわれています。そのため発達障害を疑って受診しても、精神科医によって診断が違うことも珍しくありません。同じ人でも診断名がついたりつかなかったり、または診断名が異なったりすることがあるのです。

これに対して発達障害を持たない人は「定型発達」と呼ばれます。定型発達とは、生後何年でこういうことができます、という「年齢ごとの発達の特性と比較して一般的な基準を概《おおむ》ね満たしている」という意味で、いわゆる「発達障害がない」という意味で用いられます。小学校入学以降は、生活面（日常生活・授業態度や人間関係など）のほか、その学年の内容が定着しているかどうかという学習面で判断されることもあります。社会人になれば、職場環境や仕事などの社会生活に適応できるかどうかが1つの指標になるでしょう。

気をつけないといけないのは、「発達障害＝困った人」「定型発達＝普通の人」というわけではないということです。発達障害と診断される人でも、発達障害の特性が強みになっている人はたくさんいます。

「発達障害」と「定型発達」の明確な線引きが難しいとしたら、私たちはこれらの概念をどのように考えていけば良いのでしょうか。

発達障害はグラデーション

発達障害という言葉が一般的に浸透している中で、「自分は発達障害かもしれない」と思って、意を決して医療機関を受診する人が多くなっています。しかし、診てもらってもはっきりした診断名がつかず、「発達障害の傾向がありますね」とか「グレーゾーンですね」などと曖昧なことを言われることがあります。

医療機関では、発達障害の診断は、問診（現在の困りごとや幼少期の様子、場合によっては家族の話や学生時代の成績表など）や検査（知能検査や心理検査など）などによって総合的に行われます。発達障害の分類やそれぞれの疾病《しっぺい》の名称には、アメリカ精神医学会によって作成されている「ＤＳＭ－５（Diagnostic and Statistical Manual of Mental Disorders,

DSM-5)」が、日本を含めて世界的に使われています。なお、改訂版として、『DSM-5-TR精神疾患の診断・統計マニュアル』（邦訳2023年6月）があります。

また、世界保健機関（World Health Organization, WHO）による国際疾病分類の「ICD-11（International Classification of Diseases 11th Revision The global standard for diagnostic health information）」というマニュアルも、広く利用されています。

DSMやICDという複数のマニュアルがあるように、疾病の分類や診断基準も1つではありません。時代とともに疾病に関する考え方も変容していくことから、両書ともに改訂版が出されると内容も変わります。「発達障害」の診断基準も、絶対的なものがあるというわけではないのです。

人には、適応できる環境（あるいは時代）と適応できない環境があり、環境によって、発達障害の症状が現れたり現れなかったりします。そのような例を1つ紹介します。

環境の変化によって症状が現れたAさん

ある企業の研究部門に専門職として入社したAさん（男性30代）は、結果も出しながらいきいきと仕事をしていましたが、その成果が認められて管理職に就いた途端、仕事に集中できなくなり遅刻や欠勤が目立つようになりました。のちに、Aさんには、発達障害の1つである自閉スペクトラム症の〝傾向〟があることが分かりました。次章で詳しく説明しますが、自閉スペクトラム症には、興味の対象が限られていたり、イマジネーション・コミュニケーションが得意でなかったりという特徴があります。Aさんの場合は、管理職になって外部の人や部下とのコミュニケーションの機会が増えたことでストレス過多となり、仕事への集中力が切れ、勤怠が乱れるというストレス反応が現れました。環境への適応が難しくなったということです。

本書のタイトルにある「グレーゾーン」は、Aさんのような発達障害の傾向がある場合を指します。発達障害をブラック、定型発達（健常者）をホワイトとした場合、両者の間にある領域が「グレーゾーン」になります。発達障害の特性を濃度にたとえ

グレーゾーンは、環境により特性が強くなったり、弱くなったりする。
環境により特性が弱くなれば、障害ではなく個性といえる。

るなら、ブラックに近づくほど発達障害の明確な特性となり、ホワイトに近づくほど個性ということになります。グレーゾーンは、発達障害の特性そのものが明確にあるわけではなく、環境などにより特性が強くなったり弱くなったりします。

グレーゾーンの中でもブラックに近い場合は、発達障害と診断されることもあれば、されないこともあり、それがグレーゾーンの難しさの1つとなっています。

職場でのサポートはどこまでできるのか

障害者手帳がなくてもサポートは可能？

企業でカウンセリングをしていると、悩みを抱えている当事者やその上司から、「障害者手帳を持っていない場合でも、会社側から配慮をしてもらうことは可能ですか？」といった類いの質問を受けることがあります。答えは、「可能」です。この問いについて考える場合、「安全配慮義務」や「合理的配慮」がキーワードになります。

労働契約法第5条は、使用者（雇用主）に「労働者がその生命、身体等の安全を確保しつつ労働することができるよう、必要な配慮をする」と安全配慮義務を課しています。会社で毎年行われる健康診断も、会社が労働者を健康な状態で働かせるという安全配慮義務の一環だと考えることができます。

雇用主がすべき配慮には、当然のことながら、労働者のメンタルヘルス対策など精神的な健康への配慮も含まれます。冒頭の質問で出てきた「障害者手帳」の有無は、安全配慮義務とは関係ありません。

会社側は、安全配慮義務を果たすために、従業員各々の健康に関する情報を得て、保健指導を含む適切な就業上の措置を講ずることが求められています。具体的な措置の内容は、職場の管理監督者（上司など）に委ねられることもあります。うつ状態で休職していた従業員が復職した場合、産業医などが、主治医の診断や本人の状態に基づいて、業務量や勤務時間の調整を本人の上司と相談します。なお、健康診断に関しては、労働者には自己保健義務が課せられており（労働安全衛生法第66条）、健康異常の申告や健康管理措置への協力をしなければなりません。

「合理的配慮」は、一般的に聞き慣れない言葉ですが、「障害者差別解消法」という法律に出てきます。以下、内閣府の提供する情報をもとに合理的配慮について解説します。（https://www8.cao.go.jp/shougai/suishin/pdf/gouriteki_hairyo2/print.pdf）

「障害者差別解消法」では、行政機関や事業者に対して、障害のある人（障害者）への障害を理由とする不当な差別的取扱いを禁止し、障害のある人から申し出があった場合に「合理的配慮」を提供する義務を課しています。
障害者とは、障害者手帳を持っている人だけではなく、身体障害、知的障害、精神障害（発達障害や高次脳機能障害のある人も含む）、その他の心身の機能に障害（難病などに起因する障害も含む）がある人で、障害や社会の中にあるバリアによって、日常生活や社会生活に制限を受けている人すべてを指します。もちろん、障害のある子どもも含まれます。

職場で合理的配慮を提供するにあたっては、社会的なバリアを取り除くためにはどうすれば良いか、障害者と事業者が対話を重ね、ともに解決策を検討していくことが重要です。このような双方のやり取りを「建設的対話」といいます。障害者からの申し出への対応が難しい場合でも、双方が持っている情報や意見を伝え合って建設的対話に努めることで、代わりの手段を見つけていくこともできます。

発達障害で「障害者手帳」がない場合でも、本人が合理的配慮を求めた場合、職場は過重な負担にならない範囲で措置を講じることが求められます。たとえば、機械音に敏感で仕事に集中できない人が、上司と話し合い、コピー機から離れた席にしてもらうなどです。具体的にどのような措置をとるかを見つけるためには、お互いが気持ちよく、効率よく仕事を遂行できるよう、歩み寄りながら対話を重ねていくことが必要です。

社会に出てから発覚するグレーゾーン

近年、社会に出てから初めて発達障害を疑い、精神科や心療内科を受診する人が増えています。企業でカウンセリングをしていても、「自分は発達障害かもしれない」という悩みを抱えて相談にくる人が少なくありません。メディアなどで頻繁に発達障害が取り上げられることも影響しているでしょうが、社会構造が複雑になり、適応できない場面が増えてきたことも一因ではないかと思われます。

筆者のところに発達障害を疑ってカウンセリングにくる人は、比較的若い世代が多いように感じます。学生時代は環境に適応できていたけれど、社会に出てから適応が難しくなり、ネットなどで調べると発達障害の特性が自分に当てはまるので心配になったという人が多いです。先述しましたが、発達障害は脳機能の発達に関する障害で先天的なものとされていることから、気づいていなかっただけで、社会人になって初めて発達障害を発症することはありません。グレーゾーンはなおさら、社会に出てから発覚することが多いといえます。

就職を機に発覚するケース

「学生時代は上手くいっていたのに……」と悩むBさん

Bさん（男性20代）は、電子工学系の一流大学院を出て、主にシステム開発の仕事を担当しています。システム開発は、頭を使って黙々と作業することが得意なBさんに合っていましたが、慣れていくにつれて担当するパートが多くなり、会議でのプレゼンや発言の機会も増えていきました。しかし、それはBさんにとって、歓迎すべき事態とはいえませんでした。なぜなら、Bさんは周囲の空気を読むことが苦手で、社の内外を問わず知らないうちに相手を苛立たせてしまうからです。

Bさんは、会議で、自分が開発した案件のこだわりのある箇所についてだけ長々と説明したことがありました。当然、周囲は白けた反応でしたが、会議が終わってからも、忙しそうにしているメンバーに何度も同じ箇所を説明に行ったりしました。顧客へのアフターフォローでも、簡単な質問に対しマニアックな長文メールで回答して、クレームがきたことがありました。次第に周囲から厳しく指摘されることが増え、Bさんは、コミュニケーションが上手くいかないと悩み出しました。

Bさんの〝こだわり〟や〝空気が読めない〟というのは、社会人になって始まったことではありません。学生の頃も、クラスで〝浮いている〟と感じたことはあるそうですが、成績優秀だったので特に問題にはなりませんでした。しかも、大学院では彼の〝こだわり〟によって緻密な論文を完成させることができ、学会で賞を獲ることもできました。担当教授から褒められることも多く、研究室では「できる人」というキャラで通っていたということです。

しかし、最近では、同僚から「そこは全然重要じゃない」などと相手にされなかったり、一生懸命回答した取引先からクレームがきたりして、自信を失うことばかりで、会社に行くのがつらいと思うようになってきたそうです。

Bさんは自分の特性をネットで調べ、発達障害の1つである〝自閉スペクトラム症〟に行きつきました。そして、「自分は自閉スペクトラム症ではないか」と筆者に相談にきたのですが、その後受診した精神科では「その傾向がある」と言われました。自閉スペクトラム症の特徴としては、言語以外のメッセージであるメタメッセージ（表情や声色、ジェスチャーなど）が受け取れない、固執傾向（こだわりが強い）、相手の立場に立つといった想像力が働きにくいなどがあります。言葉によるコミュニケーションは、言葉自体によって20％、メタメッセージによって80％伝えられるといわれており、メタメッセージの読み取りが上手くいかないと〝空気が読めない〟ということになってしまいます。

近年、Bさんのように社会に出て初めて、この障害（グレーゾーンを含む）が自分にあることが分かったという人が増えているのです。

部署異動によって発覚するケース

先程お伝えしたように、発達障害グレーゾーンの人たちは、環境への適応が上手くいく場合とそうでない場合があります。その事例として、管理職になった途端に職場環境への適応が難しくなったAさんのケースを紹介しました。もう1つ、異動により環境への適応が難しくなったケースをお伝えしたいと思います。

異動により症状が現れたCさん

Cさん（女性30代）は、商品企画部から秘書課に異動になりました。アイディアの豊富な彼女は、新企画を考えたりすることが得意で、商品企画部では大ヒット商品を生み出したこともありました。その反面、予算管理や仕事の段取りは得意ではありません。斬新なアイディアを出すことが多々ありましたが、その中には明らかに予算オーバーになるような企画もありました。企画書には、予算や段取りなども入れていくのですが、チームのメンバーに恵まれていたCさんは、周囲にフォローしてもらいながら企画を形にしてきた経緯がありました。

しばらくは商品企画部にいたかったCさんですが、秘書課へ異動となり、出世コースとされている役員秘書の仕事に就くことになりました。Cさんが担当することになった役員は秘書に全幅の信頼を寄せていて、飲食店の予約まで任せるタイプの人でした。最初は張り切って役員の指示に対応していたCさんでしたが、「美味しい和食のお店を探しておいて」などと頼まれると、ついついお店探しに気を取られてしまい、名刺やスケジュールの管理、諸々の精算などの日々の業務を「あとでまとめてやればいいか」と先延ばしにすることが多くなりました。

その結果、役員から秘書が管理している（はずの）名刺の連絡先を聞かれてもすぐに分からない、月末に経理から役員の精算書提出を求められても出せないといった類いのことが増えてきました。このような状態になったのは、CさんにADHDの傾向があったからです。

ADHDに見られる特性の中には、子どもから大人になるにつれて目立たなくなるものもありますが、「不注意」や「衝動性」は大人になっても残りやすいといわれています。興味や関心の度合いによってやる気の度合いが変わってくることも、ADHDの特性の1つです。

「不注意」における特性の1つに〝先延ばし〟があります。Cさんも、ルーティンワークを「やらなければ」と思っていながら、他に興味を引くことがあるとそれを優先し、本来の業務を先延ばしにしていました。「忙しいからあとで」「まとめてやればいいか」と〝先延ばし〟にしているうちに、往々にして期限を守れなくなり、仕事に適応できない状態になっていたのです。

「衝動性」は、衝動のコントロールが苦手なゆえに、自分の欲求のまま無計画に行動することです。〝無計画な買い物〟や〝衝動買い〟がその例で、ＡＤＨＤの人は買い物に行くと気持ちが大きくなる傾向があるといわれています。商品企画部にいた頃のＣさんが、予算度外視の商品企画をしていたのは、「衝動性」によるものだった可能性があります。Ｃさんは、予算に関してはチームメイトがフォローしてくれていたので、活躍できていたといえるでしょう。

Ｃさんは役員秘書になって3か月経っても、ルーティンワークを先延ばしにするクセが抜けませんでした。役員に注意されることが増え、他部署からクレームを受けるようにもなり、すっかり自信をなくして、抑うつ状態になっていきました。職場の産業医から精神科の受診を促され、「ＡＤＨＤの傾向がある」ことが分かり、仕事への適応が難しいとして適応障害の診断を受けて休職に入ることになりました。次章でも解説しますが、発達障害グレーゾーンの人は環境への適応が難しくなり、適応障害などの二次障害につながることがあるのです。

部下がグレーゾーンかも？　と思ったら

診断名にこだわらない

発達障害に関して、カウンセラーである筆者のところに相談にくる人は、本人が「自分は発達障害かもしれない」と思っているパターンのほか、「部下が発達障害かもしれない」と部下の発達障害を疑う上司も少なくありません。後者の場合、上司は、部下の仕事ぶりや言動に悩まされていることが多く、すでに両者の人間関係に問題を抱えている場合がほとんどです。

筆者は、上司のメンタルケアなども視野に入れながら、どのような言動から部下の発達障害を疑うに至ったのか、そのエピソードを丁寧に聞くようにしています。それと同時に、部下を発達障害と決めつけているような上司に対しては、疾病性（診断名）にこだわるのではなく、事例性（仕事に出ている影響）で検討していくよう促すことを心がけています。そのうえで、「どのようなことで具体的に困っているのか」「上司や同僚でフォローできそうなことはあるか」について話し合うようにしています。当然ですが、上司の話だけで部下が発達障害か否かをジャッジすることは不可能で、そもそもASDとADHDの診断基準ではカテゴリーが重なり合っていたりすることもあるため、医学的な分類が無意味というケースもあります。

ただ、発達障害についてネットなどで調べ、少し知識がある上司は、部下の特異な言動を取り上げて「こんなことがあったのでADHDだと思う」とか「記憶力だけは抜群なのでASDだと思う」など、安易に診断名と結びつけるような発言も少なくありません。さらに、この考えを本人に伝えたという上司もいましたが、これはもってのほかです。不用意に本人を傷つける恐れがあるだけでなく、ハラスメントに該当する可能性も高いといえます。

では、部下の発達障害を疑うエピソードと、事例性からサポート方法を検討する例をいくつか紹介します。

ほぼ毎回、会議に遅刻してくるDさん

新人のDさん（女性20代）は、会議で使用する資料を配布したり、議事録を作成する役割を任されています。しかし、必ずといっていいほど、10分程度遅刻します。上司や先輩から注意されるたびに謝罪の言葉を述べ、次回からは気をつけますと言いますが、直りません。

［どのようにサポートしていくか］

Dさんのような人は、段取りなどが苦手で、時間感覚を保ちながら自分の行動を管理していくことが不得意な場合があります。一度、会議前の資料準備から会議に参加するまで具体的にどのような準備が必要で、どのくらい前から着手すれば間に合うのかを一緒にシミュレーションしてみると良いでしょう。シミュレーションによって、Dさんが会議前からの流れやコツを把握し、1人でできるようになればいったんはゴールとなります。何度シミュレーションしても1人で実施することが難しい場合や、本人が苦痛に感じているようであれば、上司から事情を詳しくヒアリングしたり、場合によってはカウンセリングなどを勧めてみると良いでしょう。繰り返しになりますが、ヒアリングの際に「発達障害かもしれないから……」などという声がけは絶対にしてはいけません。

曖昧な指示が理解できないEさん

Eさん（男性20代）の所属する部署は忙しく、いろいろな指示が飛び交っているようなところです。「あの件、まとめておいて」とか「さっきの件は、適当に処理しておいて」など曖昧な言葉がよく飛び交っていますが、Eさんにとっては、「あの件」とはなにを指しているのか、「適当に処理」の適当とはどの程度なのかなどを、想像するのが難しいようです。指示してきた人に聞くこともありましたが、「そんなこと自分で考えてよ！」などという言葉がかえってくることが多く、分からないまま着手していました。その結果、指示された内容と違う期待外れの仕事しかできず、叱責される機会が多かったようです。

［どのようにサポートしていくか］

Eさんは、イマジネーションやコミュニケーションが得意ではないといえます。分量や納期が不明確な仕事は、イメージがしにくいのでしょう。そもそもEさんのようなタイプは、自分で想像しながら仕事を進めていかなければいけない部署では、環境への適応が難しい場合が多いです。部署を変えてもらうことも1つの方法となりますが、ある程度のルールがあればマニュアル化しておく、指示する人には具体的に伝えるようにしてもらうなど、環境調整も必要となります。

このように、部下の特異な言動から発達障害を疑うよりも、まずは事例性からサポート案を試してみることが重要です。それでも難しいようであれば、遅刻の回数や叱責される内容などの客観的な事実から、受診やカウンセリングを勧めるのも方法の1つです。さらに詳しい事例や対応方法は、第3章以降で紹介します。

第2章

発達障害グレーゾーンの主な特徴

第2章　6つのポイント

2－① p47 ～	**グレーゾーンは どんなことに悩んでいるのか？**
	自分の置かれている環境に違和感を持ち、「生きづらさ」を抱えている。職場に適応できない「適応障害」を併発し、抑うつ状態になっていることも多い。
2－② p51 ～	**発達障害にはどんな種類があるのか？**
	多いのは、自閉スペクトラム症（ASD）、注意欠如・多動症（ADHD）、限局性学習症（LD）だが、それぞれの特性は重なり合っていて、明確に区別できないこともある。
2－③ p53 ～	**自閉スペクトラム症（ASD）の特徴は？**
	コミュニケーションが苦手で、他人に対する興味が薄く、相手の気持ちを理解することが苦手。特定のことに強い関心やこだわりがあり、音や匂いなど感覚の過敏さもある。
2－④ p58 ～	**注意欠如・多動症（ADHD）の特徴は？**
	中核症状に遂行機能障害があり、職業に就くと困難が多くなる。「不注意」「多動性」「衝動性」の３つの特性がある。
2－⑤ p63 ～	**女性のADHDの特徴は？**
	女性の場合、ADHDは不注意優位型が多いが、周囲がフォローしていると気づかれにくい。そのため発見が遅れるという特徴がある。多動性・衝動性優位型や混合型は、特性が「おしゃべり」に出やすい。
2－⑥ p71 ～	**女性のASDの特徴は？**
	女性のASDは、女子トークや女子会が苦手で、男性より発見が遅れる。

グレーゾーンが抱える「生きづらさ」

「生きづらさ」の根底にあるもの

第1章で述べたように、発達障害と定型発達の中間にある「グレーゾーン」は、発達障害の特性が明確に出ているわけではなく、環境などの要因によって特性が強くなったり弱くなったりしている状態です。自分が発達障害かもしれないと疑っている人が医療機関の受診を決心するのは、発達障害と診断されたら、治療を受けたり障害者手帳を取得したりできると考えるからです。

これまで、グレーゾーンにまつわるエピソードをいくつか紹介してきましたが、グレーゾーンの最も分かりやすい特徴は「生きづらさ」です。生きづらさとは、自分が置かれている環境に違和感を持ち、さらにその違和感がストレスになっている状態です。

もちろん、すでに発達障害の診断名がついている人も、環境に対する違和感がストレスになっているケースが多くあります。しかし、彼らの場合は幼少期から発達障害と診断され、自分自身の特性がよく分かっていることが多いため、大人になって初めて「生きづらさ」を感じるわけではありません。

職場内でグレーゾーンが疑われる人の相談に乗っていると、彼らの多くは「適応障害」を併発しているようです。適応障害は、職場環境の急激な変化や人間関係のトラブルなど、本人が思い当たる出来事をきっかけに発症する疾患です。米国精神医学会作成の『DSM-5 精神疾患の分類と診断の手引』では、適応障害は、はっきりと確認できるストレス要因から3か月以内に情緒面または行動面の症状が出現するものとされています。

適応障害の特徴の1つに、「抑うつ状態」（気分が落ち込んで、生きるエネルギーが乏しくなっているような状態）があります。それゆえ、「うつ病」と誤診されることも少なくありませんが、うつ病の場合は原因が1つではなく複合的で、強い抑うつ状態が長く続きます。適応障害の場合は、仕事や人間関係、被災体験など、はっきりした出来事をきっかけに発症し、ストレスの要因を取り除くことで6か月以内に症状が治まるとされています。

発達障害グレーゾーンの多くは、大人になってから環境に適応できない自分に気づくため、グレーゾーンと分かった時点で適応障害の疑いがあるともいえます。

ここで医師から適応障害と自閉スペクトラム症の傾向がある（＝グレーゾーン）と言われた例を紹介します。

適応障害になったFさん

総務部にいたFさん（女性30代）の仕事は、社員の勤怠などを入力するルーティンワークが中心で、地道な作業が好きな彼女にとって働きやすい職場でした。しかし、会社のトップが代わったことで従来のシステムや方針が大きく変更され、Fさんのやっていた仕事は外注されることになりました。

新しいトップは、社員にいろいろな業務を経験させるという方針で、Fさんは営業部門へ異動となりました。しかし、内勤しか経験がなかったFさんは緊張の連続となり、お客様と円滑にコミュニケーションをとることが難しく、それが原因でクレームがくるようにさえなりました。異動から2か月が過ぎた頃、Fさんは出社前に腹痛が始まるようになり、遅刻も多くなっていきました。食欲がなくなり、仕事への意欲も下がり、突然涙が出てくることもあったそうです。

近所の内科で整腸剤を出してもらいましたが、服薬しても治らなかったため、心療内科を紹介されました。これまでの経緯を話すと、「適応障害」と「自閉スペクトラム症」の傾向があると言われました。自閉スペクトラム症には、興味の対象が限られていたり、イマジネーションやコミュニケーションが得意でなかったりという特性があります。Fさんは、営業職になって外部とのコミュニケーションの機会が増えたことでストレス過多となり、腹痛や勤怠の乱れというストレス反応が現れました。環境への適応が難しくなったということです。

グレーゾーンであっても、その環境に適応していれば、カウンセリングや医療機関の受診はあまりしません。就職や異動など環境の変化があり、頑張っても適応できない、あるいは適応しようと頑張りすぎて抑うつ状態になった人たちがカウンセリングにきて、適応障害だけでなく、発達障害グレーゾーンでもあったというケースが非常に多いのです。

以上のようなことから、グレーゾーンの特徴の1つに適応障害があるということもできるでしょう。

特に発見が難しいASDとADHD

発達障害とはなにかを理解する

グレーゾーンを理解するには、当然のことですが、発達障害を理解する必要があります。発達障害は細かく分類されているのですが、主に知られているのは、「自閉症スペクトラム障害：ＡＳＤ（Autism Spectrum Disorder)」、「注意欠如・多動性障害：ＡＤＨＤ（Attention-Deficit/Hyperactivity Disorder)」、「限局性学習症：ＬＤ（Learning Disabilities)」（以降、学習障害またはＬＤ）の3つです。

これら3つの発達障害は、疾患として別々に分類されているものの、それぞれの特性は重なっていることがあります。また、複数の疾患が合併することもあります。そのため、どの疾患に当たるのか明確に分けられず、診断が難しくなります。この中でLDは、全体的な知的発達に遅れがなく、視聴覚にも障害がないにもかかわらず、読み・書き・計算など特定の領域で学習の遅れが見られる状態です。小学生になって国語や算数を学び始めたタイミングで発見されることが多いため、職場で問題になるのは大人になって発見されるグレーゾーンであるASDとADHDが多いといえます。

ASDとADHDでも、発達期に発見されて診断名がついた場合は、特性に合った訓練を受けられたり障害者手帳が交付されたりして、適切な支援を受けることができます。そのため、発達障害の診断がついた場合より、グレーゾーンのほうが大人になって問題になることが多いのです。

次に、それぞれの特性について『DSM-5 精神疾患の分類と診断の手引』などの診断基準をベースに整理していきたいと思います。政府広報オンラインが大人の発達障害について発信しているので、併せて参考にしていただければと思います（https://www.gov-online.go.jp/useful/article/202302/1.html）。

自閉スペクトラム症（ASD）

ASDが持つ特性

「アスペルガー症候群」と「自閉症」は、コミュニケーションやイマジネーション、社会性に問題があり、対人関係が築きにくい、特定のものに強いこだわりを持ちすぎるなどの特性があります。両者は、以前の『精神障害の診断と統計マニュアル第４版（DSM-4）』では、広汎性発達障害の中の「アスペルガー障害」および「自閉性障害」として、別々に分類されていました。

しかし、新たに発表された「DSM-5」は、アスペルガー症候群と自閉症とを区別せず、「自閉スペクトラム症」という1つの診断名にしています。これまで両者の違いについて議論されてきたわけですが、現在はこの2つには境界線がなく、基本的な特性（コミュニケーションやイマジネーションの障害、強いこだわりがあるなど）は同じで、軽症（アスペルガー障害）から重症（自閉症）へのスペクトラム（連続体）と捉えられています。

　とはいうものの、アスペルガー障害という言葉は一般的に浸透していて、いまだにネットなどで出てきます。そのため、大人になってから自分はアスペルガー障害だと思って受診する人のほとんどは、軽度の自閉スペクトラム症といわれています。軽度といっても本人が抱えている困難は軽いものではありません。自閉傾向が強い重度の場合は、学童期以前からアイコンタクトがない、言語に遅れがある、おもちゃの遊び方が独特などの特性が現れるため、早い時期から療育を受けています。しかし、軽度の場合は、大学生（主に就職活動）や社会人になって初めて、環境に適応できない状況に悩むことになります。そのため、原因や対処法が分からないまま、困難を抱え続ける可能性もあるのです。

　全般的な自閉スペクトラム症の特性は以下の通りです（政府広報オンラインから引用）。

・言葉や視線、表情、身振りなどで他人とコミュニケーションをとるのが苦手。
・他人に対する興味が薄く、相手の気持ちや状況を理解することが苦手。

・特定のことに強い関心を持っていたり、こだわりが強かったりする。
・音や匂いなど感覚の過敏さを持ち合わせている場合がある。

ＡＳＤの得意・不得意

自閉スペクトラム症は、社会生活の中で以下のようなことにつまずきやすいといわれています（政府広報オンラインから引用したものに筆者が加筆修正を加えています）。
・悪気はないのに、言動によって相手を怒らせてしまう。
　例：クレーム処理で、お客様の気持ちを汲み取れず、謝罪の気持ちを込めずに淡々と話したりするため、余計に怒りを買う。
・表情や身振りから、相手の気持ちを汲み取れない。
　例：新しい髪型やメイクをしてきた女性に対して、他の同僚が褒めているにもかかわらず、「あまり似合っていないと思います」などと空気を読まない発言をして、周囲を凍らせる。
・興味のある分野の話をすると夢中になって話してしまう。

例：顧客や上司に対しても、自分の興味のある分野の話になると止まらず、延々と話してしまう。

・相手と会話がかみ合わない。
例：適当に合わせておけば良い場面でも、執拗に質問をしたり、相槌のタイミングがおかしかったりするため、会話のテンポや内容がかみ合わないことがある。

・一方的なコミュニケーションをとってしまう。
例：自分が話したいことや伝えたいことがあると、相手の都合やタイミングを考えずに話し始めることがある。

・面接が苦手で就職活動が上手くいかない。
例：会話のキャッチボールができず、面接者の質問に対して長く話しすぎたり、表情が乏しかったりする。

・指示が曖昧なときに対応ができない。
例：「これ整理しておいて」などと指示された場合、〝これ〟がなにを指し、〝整理〟は具体的にどうすることなのか分からず、大事な書類もすべてシュレッダーにかけてしまう。

・仕事をする中で臨機応変に業務ができない。
例：緊急対応しなければならない案件が入っても、熱中している仕事を切り上げることができない。

・複数の業務に同時に取り組むことができない。
例：電話対応をしながらメモを取ることができず、電話の内容を聞き漏らしたりする。

一方、以下のようなことを得意としています（政府広報オンラインから引用）。

・ルールを守る真面目さや細やかさがある。
・行動に裏表がなく、誠実。
・視覚的（又《また》は聴覚的）な記憶力が優れている。
・特定分野に関する知識が豊富。

・一つのことに集中してコツコツと行うことができる。

注意欠如・多動症（ADHD）

ADHDが持つ特性

中核症状に遂行機能障害（例：企画書通りに仕事を実行することができない）があるため、職業に就くと困難が多くなります。なお、ADHDには「不注意」「多動性」「衝動性」の3つの特性がありますが、不注意が目立つ人もいれば、多動性や衝動性が目立つ人もいます。大人のADHDでは、多動性が目立たなくなってくるといわれています。ADHDの特性に「興奮性」（例：少し批判されただけでキレる）を入れることもありますが、これも大人になると減少するといわれています。

では、それぞれの特性について見ていきましょう（令和元年度就労準備支援事業従事者養成研修から引用したものに筆者が加筆修正を加えています）。

［不注意（忘れっぽく集中できない）］

・注意の持続ができない。
・うわの空でぼんやりしてしまう。
・１つひとつのプログラムがきちんと終われない。
・忘れ物、なくし物が多い。

［多動性（じっとしていられない）］

・授業中でも立ち歩く（学童期）。
・手足を動かしてそわそわする。
・しゃべり続けてしまう。

［衝動性（考える前に行動してしまう）］

・相手の応答を待たずにしゃべる。
・順番を待つ、我慢することが苦手。

・思ったらすぐ行動に移してしまう。
※「不注意」と「多動性・衝動性」の両方がある場合と、どちらか一方が顕著に現れる場合があります。

ＡＤＨＤの得意・不得意

ここからは、全般的なＡＤＨＤの特性から、社会生活の中でつまずきやすいことについてみていきます（政府広報オンラインから引用したものに筆者が加筆修正を加えています）。

・整理整頓が苦手。
　例：職場のデスクの上が常に乱雑で、必要なものがすぐに出てこないため、いつも捜し物をしている。
・集中力がもたず、ケアレスミスが多い。
　例：データ入力などの単純作業では、途中で集中力が続かなくなり、ケアレスミスが多くなったりする。
・忘れ物や落とし物、遅刻が多い。

例：整理が苦手なので、必要なものをなくしたり、落としたりする。スケジュールを考えて順序通りに処理するのが苦手で、遅れることが多い。

・頼まれていた仕事や約束を忘れる。

例：あとのことを考えず、目先の興味があることに飛びつくところがあり、約束を忘れてしまうことがある。

・人が話しているのをさえぎって発言する。

例：社会人同士の節度ある会話をしているのに、思ったことをすぐに口に出してしまい、良好な対人関係を築きにくい。

・スケジュール管理・タスク管理が苦手。

例：思考の多動性により考えがあちこちに広がり、予定をめいっぱい入れてしまう。

最後に得意なことについて見ていきます。

・発想力や独創性に富んでいる。

・好奇心が強い。
・行動力や決断力がある。
・興味のあることには抜群の集中力を発揮する。

ここまで、どのような場合にグレーゾーンのＡＳＤとＡＤＨＤといえるのか具体的に知っていただくため、両者の特性について解説しました。グレーゾーンでは、これらの特性が環境の変化、特に社会生活の変化によって強まったり、弱まったりします。また、発達期には特性が目立たず、大人になって初めて不適応を起こしたりするので、グレーゾーンの発見は難しくなっています。

グレーゾーンかもしれない部下を持った上司は、つい「苦手なこと」に目が行きがちです。しかし、お互いに気持ちよく仕事を続けていくためにも、「得意なこと」の特性にも目を向けてフォローしていけると良いでしょう。

女性と発達障害グレーゾーン

発見が遅れる女性のＡＤＨＤ

これまで、ＡＤＨＤは男性に多いといわれていましたが、最近では女性のＡＤＨＤも多いといわれています。前項で、ＡＤＨＤには大きく3つの特性があると紹介しました。ＡＤＨＤはその特性の現れ方から「不注意優位型」「多動性・衝動性優位型」「混合型」（不注意も多動性も目立つ）の3タイプに分けて考えることがあります。女性は、この中では「不注意優位型」が多いといわれ、特に成人期以降に問題になることが多いようです。

幼少期や学童期のＡＤＨＤの男子は、他の子にちょっかいを出したり、授業中に席を立ったりするなど、分かりやすいＡＤＨＤの特性（多動性・衝動性優位型や混合型）が出ていることが多いため、周囲に気づかれやすいです。一方、女性のＡＤＨＤに多いとされる不注意優位型は、あまりにも忘れ物やなくし物が目立つケースでなければ、学童期に多少ケアレスミスや忘れ物が多くても、周囲がフォローしていると気づかれにくいのです。ADHDの特性は、年齢によって変わりますが、不注意の特性は成人期まで持続するといわれています。特に女性の場合は、多動性や衝動性が強く現れにくいため、不注意の特性が目立ちます。

不注意優位型

ADHD(不注意優位型)が疑われるGさん

Gさん（女性30代）は、小学生の子どもと夫との3人暮らしで、現在は事務職の契約社員として働いています。Gさんの幼少期からの悩みは、片付けが苦手でとにかく捜し物をしている時間が長いこと、そして先延ばしにするクセがあることです。

もともと地理が得意で旅行好きなGさんは、大学卒業後は大手の旅行会社に就職しました。1年目に見習いとしてバスツアーの添乗員などを経験しましたが、失敗の連続でツアー客だけでなく、バス会社や宿泊先からも苦情がくるほどだったそうです。

添乗員は、予定が組まれたツアーをお客様の状況などを見ながらスケジュール通りに実行していく必要があります。Ｇさんは旅先の食堂や土産屋などに入るたびに、添乗員用の行程表をどこに置いたか忘れて、何度もバスに確認しに戻っていました。うっかり集合場所を間違えてアナウンスしてしまい、お客様を混乱させることも度々ありました。

結果的に旅行会社は2年も経たないうちに退職することになり、その後は結婚して派遣社員で事務職などを数社で経験したそうです。しかし、派遣の事務職の仕事でもＰＣのフォルダ整理や名刺整理が得意ではなく、また不得意なことや面倒なことは先延ばしにするところがありました。徐々に仕事に影響が出て、上司から注意を受けることが多くなり、派遣契約の延長をしてもらえなかったこともあったそうです。

Ｇさんは現在も事務職の契約社員ですが、小学校のＰＴＡ役員をするようになってから、家庭と仕事の両立が大変になってきたということでした。現在の派遣先は比較的ゆっくり仕事をさせてもらえて、上司もいろいろとフォローしてくれる職場のようで、今までよりも落ち着いて仕事ができているようです。しかし、ＰＴＡでは細々とした作業が多く、期日までに各所に連絡し確認しなければならないことを複数抱えると処理しきれません。それがストレスとなって職場でミスを重ねたり、会議でもPTAのことを考えてぼんやりしたりするようになりました。

このような状態が続き、Gさんをフォローしていた上司からも注意されるようになり、ショックを受けているということでした。以前からGさんは、自分がどこか他の人と違い、やたらとミスが多いことを気にしていたようです。そして、ネットでいろいろと調べていくうちに「ADHD」にたどりつき、特に不注意優位型の特性は自分のことがそのまま書いてあると思ったそうです。

大人のADHDの不注意優位型の特性には、特に次のようなものがあります。

・忘れっぽい（ちょっとした用事を記憶しておくのが苦手）。
・注意の持続が難しく、気が散りやすい（自分が気になっていることに関心が向く）。
・ときどき、うわの空でぼんやりしてしまう。
・1つひとつの作業がきちんと終わらない。
・忘れ物やなくし物が多いので、捜している時間が長い。

不注意優位型の特性は、成人になっても持続することが多く、失敗ばかりの自分に嫌悪感を抱いて抑うつ状態になることもあります。Gさんは、抑うつ状態になっているような印象はありませんでしたが、きちんと診断を受けてはっきりさせたいと筆者のもとに相談に訪れたこともあり、発達障害の専門医を紹介しました。

医療機関を受診後、不注意優位型のグレーゾーンだったということですが、不注意の特性を和らげる薬（コンサータ）を処方され、それがよく効いており、受診して良かったと話していました。Gさんのように発達障害のグレーゾーンであっても、状況次第では薬が処方されます。

多動性・衝動性優位型

女性のADHDで多動性・衝動性優位型や混合型の場合は、それらの特性が「おしゃべり」に出やすいともいわれていて、特性というよりは性格的なものと思われることが多いようです。

筆者のところに「同性との人間関係が上手くいかない」と相談にきたケースを紹介

します。

同性との関わりが苦手なHさん

Hさん（女性20代）は、入社して半年になりますが、女性ばかりの職場環境に馴染めずに悩んでいるようでした。同じ職場の女性からいじめを受けているわけではなさそうでしたが、彼女以外の同僚はプライベートでも一緒に出かけたりしているようです。今ではHさんが誘われることはありませんが、入社後1か月ほどは職場の人たちと一緒に出かけたりしていました。いつの間にか誘われなくなってしまったということですが、特に口論をしたとか明確なきっかけは思い当たらないということでした。

筆者のHさんに対する第一印象は、物怖じせず、よくしゃべる明るい人だというものでした。しかし、Hさんと会話を始めてから10分ほど経つと、Hさんはあまり人の話を聞かず一方的に話す傾向があることが分かってきました。たとえば、こちらが必要な質問をしても、いま自分が伝えたいことの話が止まりません。

また、思ったことをすぐに口に出してしまうところもありました。真剣に話している途中で、筆者の持ち物に目がいって「それって○○と△△のコラボですよね？　私も持っていますけど、使いにくくてハズレって思いませんでした？」などとまったく違う話題を振ってきたのですが、場違いな話であり、相手によっては失礼になるようなこともあります。

職場でもこのような調子でコミュニケーションをとっているのであれば、女性グループの中で上手くやっていくのは難しいと感じました。Hさんの話を一通り聞いたあと、自分でもコミュニケーションに難があることを薄々自覚していることが分かりました。「いつの間にか」誘われなくなった原因も自身のコミュニケーションの問題かもしれないと話していました。

その後、職場でのコミュニケーションを自分なりに努力して改善しようとしましたが、徐々に食欲や睡眠に問題が出てきたようです。寝不足もあって遅刻や出社できないことも増え、受診した心療内科では「適応障害」と診断され、ADHDについてはグレーゾーンでした。

Hさんのような人は、皆さんの身近にも思い当たる人がいるかもしれません。女性の多動性・衝動性優位型や混合型の特性が「おしゃべり」であることは先述した通りですが、この特性により次のような言動が目立ち、人間関係が難しくなっていきます。

・他の人が話している最中であっても自分の話を始める。
・余計な一言で相手を不快にさせる。
・その場やグループなどを仕切りたがる。
・突然、まったく違う話を始める。
・場の雰囲気を凍らせるような発言がある。

このような言動により、特に同性からは避けられる傾向があります。男性からは、自分の心に正直な言動をしている姿が天真爛漫に映るため、好意的に捉えられることもあり、そのことで同性からさらに嫌われる場合もあるようです。

なお、女性のＡＤＨＤグレーゾーンについては、それぞれの特性が弱いため、特性というよりは個性や性格的なものと考えられ、幼少期や学童期で発見されることはほとんどないといってよいでしょう。

女性のASD

「自閉スペクトラム症」（ＡＳＤ）は、コミュニケーションやイマジネーション、社会性に問題があり、対人関係が築きにくい、特定のものに強いこだわりを持ちすぎるなどの特性があることは先述した通りです。女性のＡＳＤは、発見される時期や悩みごと、対応法が男性の場合と異なりますが、そういったことはあまり知られていません。

たとえば男子は幼児期（１歳〜小学校就学前）に発見され、支援を受け始めることが多いですが、女子は検査をしてもＡＳＤと診断されないことがあります。一般的に、幼児期に出現するＡＳＤの特性としては、〝視線を合わせようとしない〟〝ものの位置などにこだわる〟〝ごっこ遊びができない〟などがあります。しかし、女子の場合は、１人でつくりあげる世界ではありますが〝ごっこ遊び〟ができたりするので、診察しても気づかれにくいのです。

女子のＡＳＤは、小学校中学年くらいから徐々に友達との会話にすれ違いを感じる、グループに入れないなどの悩みが出てきます。それは、このくらいの年齢になってくると友達同士で「テレビ番組はどんなの観る？」「最近なにしてるの？」といった抽象度の高い会話が増えてくるからです。

グレーゾーンの女子の場合、個人差はありますが、努力すればなんとかなることもあります。みんなと話を合わせて、無理にでもグループに所属しようとすることもありますが、その一方でこの時期から１人の時間が増えてきたりもします。

女子のＡＳＤの特性が顕著になるのは思春期（中学校・高校）で、主に「人間関係」で悩むことが多くなります。「女子トーク」が苦手で、会話そのものを楽しめなかったり、女子グループのどこにも溶け込めなかったりします。女子トークが得意でないのは、コミュニケーションの問題ともいえますが、こだわりの強さとも関係しています。

ＡＳＤ特性を持つ人は、自分の好きなことややり方などにこだわりがありますが、他者の話にはなかなか興味が持てないことが多いです。それが言動に出てしまうことがあり、余計な一言で場の雰囲気を壊したり、人間関係が上手くいかなくなったりします。

女性は男性よりも社会性が育ちやすく、コミュニケーション能力が高いという説（男女の脳機能や生活スタイルの違いなど）があります。そのため、ＡＳＤの女性がコミュニケーションで悩むようになるのは、女子トークなど会話の中身が複雑になってくる思春期頃といわれています。それまでは、悩むことはありますが、なんとかなっているケースもあり、見過ごされやすいのです。

ＡＳＤは、思春期になると、女性同士の人間関係だけではなく、異性関係でも問題が起きやすいことが指摘されています。シチュエーションや2人の関係性にもよりますが、男性からの「疲れたから休憩しよう」「一緒に旅行に行こう」といった言葉を額面通りに受け取ってしまうところがあります。その結果、「そんなつもりはなかったのに急に男性から体の関係を求められた。こわい思いをした……」となったりすることがあります。ＡＳＤの女性は、異性関係でトラブルになりやすいという特徴もあるようです。

男女ともにいえることですが、ＡＳＤと診断されている場合とは違い、グレーゾーンは特性が顕著に出るわけではありません。学校などの集団の中では、努力次第で合わせられる部分もあるため、無理に周りに合わせていることがあります。成績優秀であったり、なにかに秀でていたりすると、客観的に見れば、順調に次のステージ（進学など）に進んでいくことがほとんどです。

ＡＳＤ傾向のある女性が深刻に悩み始めるのは、大学（とくに就職活動）や社会人生活からともいえますが、その１人であるＩさんのケースを紹介します。

職場での人間関係で相談にきたＩさん

Ｉさん（女性20代）は、有名大学の理系出身です。就職活動ではエントリーシートや筆記試験で落とされることはなかったそうですが、面接を突破することができず苦労しました。最終的に内定が出たのは、ＩＴ系企業のＳＥ職です。彼女は、学生時代からプログラミングなどが得意で、ＡＩの知見も広げていました。内定先は数十名規模の中小企業で、新人のときからどんどん仕事を任せると説明されていたので、働くのを楽しみにしていました。

しかし、実際に仕事がスタートすると、人手不足でＩさんのＯＪＴ（オン・ザ・ジョブ・トレーニング）を担当できるＳＥの先輩がいません。仕事は、数名の一般事務職の女性社員と一緒に、役員やＳＥの事務サポートばかりでした。そのため、Ｉさんは、得意でない事務仕事や女性社員と上手くやっていくことに、大きなストレスを感じることとなりました。

Ｉさんは社員の顔がなかなか覚えられず（ＡＳＤの特徴の１つです）に不自然な対応をしてしまったり、「これお願いできる？」（〝これ〟とは？）や「今日中に連絡しておいて」（〝今日中〟とは何時何分まで？）などの指示が具体的に理解できなかったりして困っていました。事務の女性社員たちとの人間関係についても、戸惑いを感じていたようです。

女性社員たちの年齢はバラバラでしたが、会社の規模が小さいこともあり、ランチはもちろん、ときには休日も一緒に過ごしたりするほど、近い人間関係だったそうです。Ｉさんは、仕事を教えてもらう手前もあり、できる限り女性グループと行動をともにしていました。しかし、女性グループで共通の話題となるNetflixの番組も、社内のうわさ話も、Ｉさんはまったく興味が持てず、そのことが時折態度や言動に出てしまっていたようです。

Ｉさんは、早く本来のＳＥの仕事をしたいと思って、1人の時間をつくるようにし、仕事に役立ちそうな仕様書などを読み込んだりしていました。そのような彼女の行動が他の女性社員の反感を買ったのか、「基本的な事務作業もできないくせに」などと言われているようでした。次第にＩさんは女性グループから外され、事務作業について聞ける人もいなくなり、以前に増して失敗が続くこととなります。

ついには自分に自信をなくしてしまい、気持ちが沈み出社できない日も増えてきたので、心療内科を受診しました。その結果、軽い抑うつ状態になっており、背景にＡＳＤの傾向がある（グレーゾーン）ことが分かったそうです。

Ｉさんの場合は、中学生の頃から、自分が興味のあるＩＴやＡＩのことを話すと、特に女子のグループは場が白けてしまうことが分かっていました。そのため、みんなが興味ありそうな話題についていこうと、必死だったそうです。それでも雑談に近い女子トークでは、一体なにを目的に話しているのか分からずイライラしたり、就職活動の面接では自分のことを正直に話しすぎてしまうなど加減ができないことから、自分はどこか人と違うことに漠然と気づいていたということでした。

その後、グレーゾーンの件も含めたIさんの話を聞いた人事担当者は、会社側として新人のフォローができていない状態を謝罪し、女性グループと無理に一緒にいる必要はないこと、事務作業ではなくSE職として活躍してほしいと言ってくれました。その後、SE職の先輩がOJTになるように調整してくれ、彼女は自分のやりたかった仕事や勉強に集中できるようになり、少しずつ自信を取り戻すことができたということです。

このように、グレーゾーンの人たちは、発達障害の特性を持ちながらも、社会に出るまで発見されないことが多く、どうして自分だけ上手くいかないのかと悩みながら職業生活を送っています。特に女性の場合は、ＡＤＨＤやＡＳＤの特性が、単にその人の個性のように見えてしまうことがあり、周りから誤解されるという悩みを抱えているケースもあるのです。

次章では、これらの発達障害の特性が、職場のどのような場面で影響を与えるのかを具体的に紹介していきます。

第3章

職場での発達障害グレーゾーン

第3章　5つのポイント

3－① p82～	職場にASDグレーゾーンの部下がいるときは、どうすべきか？	言葉の裏側にある相手の真意を読み取ること、周囲の状況を判断し空気を読むことが苦手。仕事では、臨機応変に対応できないため、指示を具体的に、そうすべき理由とともに早めに伝える。
3－② p84～	職場にADHDグレーゾーンの部下がいるときは、どうすべきか？	長時間じっと話を聞くのが得意ではなく、衝動性によりついキツイ発言をしてしまうことがある。まずその自覚があるかどうかを確認し、周りに不快感を与えていることを伝える。
3－③ p86～	能力の凹凸がある人に起こりうることは？	メタメッセージを読み取る力が弱く、人の気持ちを想像できないので、苦手な仕事や場面を避けられるよう配慮する必要がある。
3－④ p99～	知覚過敏がある場合に起こることは？	特に聴覚が過敏な人が多く、不快症状が勤怠の乱れや睡眠の問題を起こすなど、行動面に影響が出てしまい仕事に支障が出る。耳栓や席の移動など、職場環境で配慮できるものがあれば対応する。
3－⑤ p103～	発達障害の二次障害はどのようなものがあるか？	代表的な二次障害としては、うつ病や不安症、依存症などがある。グレーゾーンは、職場に自分の障害や病気を伝えずに働いていることが多く、二次障害を引き起こしやすい。

職場で起こりうること

この章では、ＡＳＤやＡＤＨＤのグレーゾーンといわれる人たちが、その特性ゆえに職場のどのような場面でつまずきやすいのか、事例を加えながらお伝えします。ただし、読み進めていくにあたっては、次のことに留意してください。

・ＡＳＤやＡＤＨＤと分類されてはいるものの、発達に偏りがある人（グレーゾーンの人を含む）には共通の特性があります。そのため、ＡＳＤの事例でありながらＡＤＨＤにも当てはまる場合があり、その逆の場合もあります。

・両方とも、（発達障害ほどではありませんが）能力のバランスが悪く発達に凹凸があり、できることとできないことの差が大きいといわれています。

・人間関係の問題を抱えやすく、生きづらさを抱えているという点は、両方に共通する特性だといえます。

社内の人間関係で起こりうること

ＡＳＤの傾向があるＪさんの場合

統計処理など数字を扱うことが得意なＪさん（男性20代）は、マーケティング戦略室に所属しています。その部署はプロジェクトごとにチームが組まれており、Ｊさんが属するチームは現在繁忙期の真っ只中にあります。Ｊさんは、指示された仕事はいつもきっちり処理しており、ミスをしたこともほとんどありません。しかし、自分がやるべき仕事が終わるとボーッとしていたり、他のメンバーがどんなに忙しそうにしていても定時になれば当然のように帰宅したりします。

チームの他のメンバーは、そんなＪさんにイラッとすることもあるようです。定時に帰ろうとする彼に対して「なにか急いで帰らないといけない理由でもあるの？」とか、「これはチーム全員の仕事でもあるんだけど……」などという言葉を投げかけることもあるということです。しかし、Ｊさんには言葉の背後にある真意は伝わっていないようで、「定時になったので帰るだけです」と言って悪びれもせず帰ってしまいます。

［なぜ、このようなことが起こるのか？］

Ｊさんのように ＡＳＤ傾向のある人は、言葉の裏側にある相手の真意などを読み取ることが得意ではありません。また、ＡＳＤに多いといわれるデジタル脳（0か1かで捉えるため中間を理解することが苦手）タイプの人は、人間の心のような0か1かで割り切れないものを、きっちりと把握することができません。そのため、ぼかした言い方や嫌味などが伝わりにくいことがよくあります。周囲の状況を判断し、空気を読むことが苦手なのです。

［周りはどうしたらいいのか？］

ＡＳＤ傾向のある人は、同じチームの他のメンバーが忙しそうにしているときは手伝うべきだ、などという〝暗黙のルール〟のようなものを思い浮かべることが苦手です。一方で、就業時間など、はっきりと決まっている職場の規則やルールを忠実に守ることは得意です。リーダーは、ＡＳＤの特性を理解したうえで、他のメンバーの仕事を手伝うようにという指示を、そうすべき理由とともに早めに伝えるようにすると良いでしょう。彼らは臨機応変に対応することが得意ではないため、早めに伝えておくのがポイントです。

ADHDの傾向があるKさんの場合

Kさん（女性30代）は会議が苦手です。自分の企画を発表するときはいきいきとプレゼンすることができますが、興味がない他の人のプレゼンが長引いたりすると、イライラして我慢できなくなり、指でペンをクルクルと回したりカチャカチャさせたりして、落ち着きがなくなります。

ひどいときは居眠りをして、上司から注意されることもありました。また、他の人のプレゼンをあまり聞いていないにもかかわらず、「長いわりに理解しにくい内容でした」などと、厳しい言い回しで批判することもあります。会議の参加者は、Kさんの態度を見て、「協調性がない」「落ち着きがない」「自分勝手」と思うようです。

［なぜ、このようなことが起こるのか？］

ＡＤＨＤ傾向のある人は、長時間じっと話を聞かなければいけないというような状況が、あまり得意ではありません。退屈で終わるのが待てないことが、居眠りしてしまうなどの非常識な行動につながることがあります。また、ＡＤＨＤの特性の１つである衝動性がムクムクと出てきて感情的になり、ついキツイ発言をしてしまうこともあります。

［周りはどうしたらいいのか？］

会議にＫさんのような人がいると、場の雰囲気が悪くなることもあるでしょう。しかし、本人に悪気がない場合も多く、特にペン回しなどは退屈しのぎの一環として無意識にやっていることが多いです。居眠りなどは注意されて当然ですが、ペン回しやキツイ言い方などは、上司や先輩などが丁寧な言葉で指摘する必要があるでしょう。

まずは、本人にペン回しをしていることやキツイ言い方をしていることについて、その自覚があるかどうかを確認しましょう。無自覚であればまず自覚させて、その行為によって周りに不快感を覚える人がいたり、傷つく人がいたりすることを丁寧に伝えます。このときの大切な留意点としては、いきいきと発表できていることなど、良い面にも目を向けていることを併せて伝えることです。

能力の凹凸が大きいことで起こりうること

ASDの傾向があるLさんの場合

Lさん（男性30代）は、数字が得意で記憶力も抜群、学生時代は勉強がよくできたそうです。入社試験でもかなりの高得点を取ったようで、社内では期待の星と言われていました。現在は、経営企画部の財務部門の管理職であり、部下も数名います。彼は、仕事のミスがほとんどないため、周囲から一目置かれています。しかし、仕事の手順や優先順位にこだわりがあり、自分の方法が一番正しいと思っているため、考えを曲げることはありません。

業務さえ滞らなければ通常はそれで問題ないともいえますが、突然なにかの案件が入ったときなど、Lさんのやり方では支障が出る場合もあります。さらにLさんの場合、突然出てきた案件を優先的にやるよう上司から指示されたときなどに、あからさまに表情や声色に不快感が出てしまいます。また、指示された案件に取りかかることの意味やコスパなど、ややこしい説明を上司に求めては、独自の理屈で論破するようなところもあります。そのため、周りから「面倒な人」とか「失礼な人」などと思われているようです。

Lさんには管理職としての顔もありますが、部下に対して言い方がキツく、言ったあとにフォローもしないことから、「パワハラ」を疑われたこともあります。Lさんは、数字を扱うことに長《た》け、演繹《えんえき》思考が得意なのでその能力を活かせる部署であれば優れた結果を出すことができます。しかし、臨機応変な対応を求められる仕事や、対人関係スキルが要求される職位では、能力を上手く活かすことは難しいかもしれません。

「なぜ、このようなことが起こるのか？」

先述したように、ＡＳＤ傾向のある人は、デジタル脳の傾向があります。デジタル脳の人は、他人の感情や気持ちを捉えることは不得意ですが、情報をもとにロジカルな推論をすることは得意です。そのため、学生時代に勉強が得意だったという人は少なくありませんし、仕事では専門職としてその特性を活かすことができる場合があります。

しかし、特定のルールや独自の価値観にこだわるうえに、そのルールや価値観を周囲に押しつけるようなところもあるため、人間関係が崩壊することが少なくありません。これには、同じやり方にこだわる「同一性の保持」というＡＳＤの特性が影響しているといえます。ＡＳＤの人は、自分なりのやり方を変えることに不安を感じるのです。

「周りはどうしたらいいのか？」

Ｌさんのような人はもともとの能力自体は高いことから、得意分野を活かせるような仕事を任せたほうが良いといえるでしょう。また、独特の価値観を譲らないことの根っこには「変化に対する抵抗や不安」があることを理解し、周囲に影響が出ない範囲であれば、その特性を許容していくと良いと思われます。

管理職に就いている場合は、本人が管理職として求められている能力を理解し、職務遂行ができているか否か、客観的なシートを用いるなどして点検していくと良いでしょう。本人が自分には荷が重いと感じているようであれば、その職務から解放することを選択肢に入れることも、必要になる場合があります。また、部下からのLさんに対する評価について確認することも大切になります。

ADHDの傾向があるMさんの場合

Mさん（女性20代）は、明るく話好きな性格で、人当たりも良いため職場では比較的人気者です。彼女はデザイナーとしての腕を買われて入社し、実際に仕事の成果もあげています。しかし、Mさんにはいつも慌てているという印象があり、会議はスタートギリギリに着席し、参加者に配布する資料には誤字が多いなどという欠点があります。そそっかしいところもあって、デスクでコーヒーをこぼしたり、幹事でありながら懇親会場の予約を忘れたりすることもあります。

しかし、自身のそのような面を自覚しているMさんは、周囲の人に「いつもフォローありがとうございます！」と言ってお土産を配るような気遣いをする面もあるため、許されているところがあります。Mさんは、今のところは仕事で結果を出したり、周りに恵まれて帳尻合わせができていますが、そそっかしいところが直らない自分に嫌気がさすことがあると言っています。また、今は許されていても、いつか周囲の人に見放されるのではないかと不安に感じることもあるそうです。

［なぜ、このようなことが起こるのか？］

先述した通り、ＡＤＨＤの中心的な特性は、「不注意：ミスや片付けが苦手、集中力がないなど」「多動性：落ち着きのなさ、おしゃべりなど」「衝動性：無計画、段取りが苦手など」です。

Ｍさんの場合、おしゃべりなのは多動性、資料の誤字などは不注意、スケジュール管理やお店の予約などが上手くいかないのは衝動性によるもの、と考えることができます。ＡＤＨＤは、脳のワーキングメモリが関係しているともいわれています。情報を一時的に記憶しながら操作することに関係しているワーキングメモリが低いと、マルチタスクが難しかったり、やらなければいけないことを忘れてしまったりということがあります。しかし、Mさんの場合は、仕事で結果を出していることに加え、サポートしてくれている周囲へ感謝の気持ちを伝えたり、お土産を配るなどの気遣いによって良好な人間関係を築いているため、環境に適応できているといえそうです。

【周りはどうしたらいいのか？】

Mさんのように、ADHDの3つの特性が仕事面に影響していても、自身のキャラクターや周囲への気遣いで上手く帳尻合わせができ、特に悩んでいるように見えないことも多くあります。そもそも彼女のようなグレーゾーンの場合は、3つの特性の出方がそれぞれそこまで強くなかったり、他の面でリカバリーできていたりします。しかし、生きづらさを感じていることには違いなく、ミスが続くと本人の自己肯定感が低くなり、うつ病につながるリスクが高くなるなどの問題が出てきます。

上司は、Mさんが環境に適応するために多大なエネルギーを費やしていることを理解したうえで、困っていることを話してもらえるような関係づくりを目指すことが重要です。また、できている点に丁寧にフォーカスし、肯定的な言葉を伝えていくようにすることも必要です。スケジュール管理や資料作成に関しては、グループ内で可視化してフォローするなどの体制があると良いでしょう。

社外の人と関わるときに起こりうること

ASDの傾向があるNさんの場合

Nさん（女性20代）は、事務職として大手企業の営業部で働いています。彼女の普段の仕事は、営業部員の旅費精算や領収書などの整理が中心です。しかし、ときにはパーティーやイベントに参加することもあれば、客先に同行することもあります。

彼女は、ルーティンである事務作業はミスもなく速く処理できますが、普段と違う場所に行って、慣れていない人と言葉を交わすことは苦手としています。そのような場面になると、営業部員から「もっと空気読んで」とか「愛想良くして」などと言われることがありますが、Nさんは、空気を読むことや愛想を良くすることが具体的にどう振る舞うことなのかが分かりません。

たとえば、Nさんは、地理やワインについてかなり深い知識を持っています。あるとき、営業部員と得意先の役員主催の食事会に同席し、ワインの話になったことがあります。得意先の役員の1人が、イタリアに出張したときに飲んだ素晴らしいワインの話を自慢げに語り始めました。営業部員が「さすが！　よくご存じで本当に素晴らしいですね」などとヨイショし、Nさんに同意を求めると、「そのワインは実はイタリアではそんなに評価が高くなくて……」などと真顔で話し始め、一気に場が凍りついたことがありました。ワインについて語っていた役員がみるみる不機嫌な表情になって営業部員が慌てていても、Nさんだけはまったく気づかなかったようです。

結局、その場は営業部員達でも盛り返すことが難しく、白けた感じの会になってしまいました。Nさんは、なんとなく自分に責任があることを感じてはいるのですが、どうしたら良かったのかが分からず、改めてこのような会食は苦手だと感じてしまったそうです。

[なぜ、このようなことが起こるのか？]

コミュニケーションは、言葉以外にも、表情やしぐさ、声色などのさまざまなメタメッセージが加わり、全体として意図や気持ちが伝わります。

社会生活をしていくうえでは、人の気持ちを読んだり、汲み取ったりすることが必要な場面が多々あります。しかし、発達障害の人はグレーゾーンも含めて、メタメッセージを読み取る力やイマジネーションの力が弱いため、人の気持ちを思い浮かべることができません。それで、Nさんのように得意先の役員の気持ちを考えられず、自分のワインの話を延々と始めてしまうというようなことが起こり得るのです。これは、イマジネーションの力が弱いために、今後の展開を予想できないということも影響しています。

[周りはどうしたらいいのか？]

ASD傾向のあるNさんの得意な面とそうではない面は、周囲から見て比較的はっきりしています。彼女の高い事務処理能力を活かすためには、環境調整をすることが必要になります。たとえば、会社側（上司や人事部）がNさんのキャリアビジョンや気持ちについて、丁寧にヒアリングしていきます。どのような仕事にやりがいを感じているか、高めていきたい能力はなにか、苦手と感じる仕事や場面を克服したいと考えているかなどです。本人からなんとしても克服したいという言葉がない限り、苦手な仕事や場面を避けられるように配慮していくと、本人と会社の双方にとって良い関係性を保つことができるでしょう。

ADHDの傾向があるOさんの場合

Oさん（男性30代）は、某メーカー企業の商品企画室に所属しています。企画室のアイディアマンと呼ばれるOさんは、これまでもいくつかヒット商品の企画を出してきた実績から、ある商品開発のプロジェクトマネージャーに抜擢されました。この商品は、他社との共同プロジェクトで、世に出るまで半年ほどかかる予定です。Oさんは自社の現場リーダーとして、共同先の企業のリーダーと一緒に、進捗管理をしていく必要があります。

そこで、まずは共同先と親睦を深めようということで、Oさんは懇親会を開催したり、合同ミーティングを計画したりと精力的に動き、最初のスタートとしては良かったようです。しかし、2か月目くらいになると、締め切りもある面倒な事務作業も出てくるようになり、共同先から「例の件、進んでいますか？」などと進捗状況を確認するような連絡も入り始めました。しかし、Oさんは面倒な作業を「まだ何か月もあるしあとでやればいいか」と先送りにしていて、そのうち本当に忘れてしまったこともありました。

Oさんの下にいるメンバーたちは、分かる範囲で彼のフォローはしますが、抜けが出てくることは仕方がありません。そのような状況が変わらないまま3か月目に入り、焦った共同先のリーダーから、もう一度、両社でプロジェクトのスケジュールと進捗状況、役割分担などを明確にするため、打ち合わせをしましょうという申し出がありました。Oさんは、その打ち合わせまでに現状を把握し、今後の予定を立てていかなければいけませんが、手つかずのまま時間だけ過ぎていたタスクも多くあります。Oさんは、「どうしていつも自分はこうなんだ……」と頭を抱えていました。

［なぜ、このようなことが起こるのか？］

ＡＤＨＤの人の中には、次々と面白いアイディアが閃くタイプの人たちがいて、彼らは新企画など目新しいことに対してはワクワクします。一方で、優先順位を判断したり、計画したりすることは苦手といわれ、面倒な作業を先延ばしにするクセがあります。これは、ＡＤＨＤの特性の１つである「不注意」からくる〝先延ばし〟に他なりません。

たとえば、引っ越しなどで公共料金の自動振替手続きを「やらなければ」と思っていながら、他に興味を引くことが出てくるとそちらを優先してしまいます。やるべきことを「忙しいからあとで」と先延ばしにしているうちに、本当に忘れてしまうのです。今回、Ｏさんが面倒な作業を先送りにしているのも、〝先延ばし〟クセによるものかもしれません。本来は期限内にできることであっても、先延ばしにしているうちに期限を遵守できないことが往々にしてあるのです。

［周りはどうしたらいいのか？］

ＡＤＨＤの人がリーダーになってプロジェクト全体の指揮を執ったり、進捗状況をチェックしながら進めていったりすると、収拾がつかなくなる場合があり、チームが機能しなくなることも懸念されます。特に今回のように社外も一緒のプロジェクトでは、難易度がグッと上がります。Ｏさんをリーダーとする場合、彼の上司はＯさんの特性を理解することが必要です。そのうえで、彼の相談役として常に全体像を把握できるよう週1回ミーティングの時間を設けるなど、進捗状況を共有していくようなフォローが必要です。

また、リーダーであるＯさんをフォローできるようなチームづくりをすることも重要になってきます。サブリーダーを設置し、Ｏさんと同じ情報にアクセスして共有できるようにし、リーダーだけに全責任がいかないようにすることも必要です。そこまでしてＯさんをリーダーにする必要はあるのかという指摘もあるとは思います。しかし、周囲が上手くフォローすることで、Ｏさん自身の成長につながります。メンバーそれぞれが進捗状況に留意し、役割を自覚することでチームに貢献できているという感覚を持ち、チームワークそのものが高まる可能性もあります。

勤務態度に起こりうること

知覚過敏があるPさんの場合

次に、ＡＳＤとＡＤＨＤを分けず、発達障害（グレーゾーンを含む）全般に見られる傾向が勤務態度に影響する事例を紹介します。Ｐさん（男性30代）は、小さい頃から「神経質」「気にしい」などと言われてきました。彼の場合は、聴覚と触覚が過敏な傾向があるようです。黒板を爪で引っ掻く音を聞くと手で耳を塞ぎたくなるという話がありますが、Ｐさんの場合は、コピー機の音や隣の人がキーボードを打つ音、洋服のタグが肌に触れたりすることも不快なようです。疲れているときは、その傾向はさらに強くなります。

Ｐさんは、夜中に家族がトイレに行くために廊下を歩いたり、ドアを開閉したりする音などが気になってしまい、眠れなくなることがあります。翌日は寝不足で起きられず、遅刻をしたり昼間に居眠りをしたりすることもあるといいます。以前、会議中に居眠りをしたときに皆の前で叱責されたことがあり、そのときはたいへん落ち込んだそうです。

また、握手や肩を組まれることなどにも敏感に反応することがあり、懇親会の席で肩を組んできた同性の同期に対して、本気で「やめろ！」と声を荒らげて反応したことがあります。そのときは店内で口論になり、普段は大人しいPさんが感情のコントロールができなくなった状態で、相手を罵《ののし》り続けていたそうです。周りはその様子に、ただただ驚いて唖然《あぜん》としていたということです。

「なぜ、このようなことが起こるのか？」

グレーゾーンを含む発達障害の人は、知覚過敏の人が多いといわれています。どのような刺激にどの程度反応するかは個人差がありますが、脳の活動性が高まりやすいことが刺激に敏感である一因だといわれています。

五感すべてが過敏だという人もいれば、そのうちのいくつかだけが敏感だという人もいます。特に聴覚（音）に過敏な人が多いようです。一言に「音」といっても、苦手な種類や大きさなどは人それぞれということになります。問題になるのは、不快症状がストレス反応として勤怠の乱れや睡眠の問題などの行動面に出てしまい、仕事に影響が出るときです。

今回のケースでは、普段は大人しいPさんが声を荒らげて相手を罵り続けた場面がありました。このことは、一見すればADHDの特性である「衝動性」によるものと思われますが、この特性はASDでも見られることがあります。衝動性の特性が強く出るタイプの場合、不快感情を制御しにくいのです。

「周りはどうしたらいいのか？」

上司は、Pさんが過敏になる感覚はなにかを把握して、職場環境で配慮できることがあれば、対応していくことが必要になります。Pさんの場合であれば、耳栓を許可したり（ただし、使用法や種類などを仕事内容に応じて決める）、席をコピー機やドア付近から離したりすることができると思われます。肩を組むなどの触覚については、このような特性があることを本人の許可を得たうえで、職場で共有することが人間関係を悪化させないコツとなります。

発達障害などの診断が出て手帳を持っており、障害者雇用の場合は、程度の差はありますが、本採用前の段階でどのような点に配慮してほしいかを、雇用主側（人事や受け入れ先の部署）と被雇用者の間で話し合います。しかし、グレーゾーンの場合、Pさんのような知覚過敏があっても、職場では理解を得にくいケースが多いと思われます。職場では、聴覚過敏による寝不足で居眠りをしているとは誰も思わないため、単に「社会常識がない人」というレッテルを貼られてしまいます。

酒席で同期が肩を組んできたことで怒りが止まらなかったことは、肩を組んだ同期も不快に思うでしょうし、事情を知らない人は、Pさんを「取扱い注意」の人物と見立てることでしょう。上司（場合によっては人事も入れる）は、Pさんにとって仕事に影響してしまうほど苦手なことはなにか、丁寧にヒアリングをすべきです。周囲にどの程度まで伝えるかを一緒に考え、そのうえで環境を整備する必要があります。

そういった際には、厚生労働省の「就労パスポート」（https://www.mhlw.go.jp/content/000928590.pdf）などを利用すると良いでしょう。「就労パスポート」には、勤務形態からコミュニケーションまで、どのような配慮を必要としているかを書き込むことができます。本人が見落としがちな部分まで確認することができるので、一度利用してみてください。

うつ病などの二次障害

発達障害・グレーゾーンと二次障害

発達障害では、二次障害を発症することが少なくありません。二次障害とは、発達障害を一次障害としたとき、二次的に発症するうつ病などの精神疾患のことをいいます。発達障害の代表的な二次障害としては、うつ病や不安症、依存症などが挙げられます。

このような二次障害を発症するのはなぜでしょうか。発達障害は、その特性によって仕事や人間関係に困難が起こりやすいことは、これまで事例を通してお伝えしてきた通りです。このような困難が繰り返されることによって、落ち込んだり自分に自信がなくなったりしていると、心身ともに疲弊していきます。そして、そんな状況が続くことによって、二次障害に移行していくと考えられています。
次に、代表的な二次障害の精神疾患についてみていきたいと思います。

［うつ病］
基本的には、常に気分が落ち込んでいる状態です。睡眠や食事に問題が生じ、疲れやすい、頭が働かないなどの症状が現れることから、職業生活はもちろん日常生活にも大きな支障が生じます。
一次障害である発達障害の特性により、努力しても達成できないことが重なって自己肯定感が下がり、強い自責の念を抱いているうちにうつ病を発症することがあります。また、発達障害の特性による適応障害により、環境への適応が難しくなって抑うつ状態が長く続くことで、うつ病になっていくこともあります。

［不安症］

精神的な心配や不安が過度になり、心と体にさまざまな不快な変化が起こる疾患です。代表的なものに社交不安症や強迫性障害、パニック障害などがあります。どの不安症であっても心の中に不安があり、予測するのは悪いことばかりになり、気持ちを前向きに切り替えることができなくなります。発達障害の特性による失敗などが重なると、人から拒絶されることなどを過度に心配するようになり、不安症を発症することがあります。

［依存症］

ストレスをアルコールやギャンブル、買い物などで発散する行為を繰り返しているうちに、その状態が恒常化していきます。それら以外のことでは、なにをしても刺激を感じにくくなり、それらがなくてはいられない状態になります。一次障害との関連では、上手くいかない状況からアルコールなどに逃避しているうちに、依存症を発症することになります。

なぜ二次障害を発症しやすいのか

これまで筆者は、さまざまな組織で働く発達障害者（障害者手帳あり）やグレーゾーンの人のカウンセリングをしてきましたが、二次障害を発症するのはグレーゾーンのほうが多い印象があります。その主な理由の1つとして、手帳を持つ発達障害者がオープン就労で働いているのに対し、グレーゾーンではクローズ就労している人が多いことが考えられます。オープン就労は障害や病気を職場に伝えて働くことで、クローズ就労とは、職場に自分の障害や病気を伝えずに働いていることをいいます。

どちらの就労ケースにも、それぞれメリットとデメリットがあります。たとえば、オープン就労は、自分の障害を職場に公表して就労することになります。事業主は、一定の割合（組織の規模に合わせて段階的に引き上げられている）で障害者雇用が義務づけられていて、障害者雇用枠で採用された職員は、さまざまな配慮をしてもらえるというメリットがあります。デメリットは、人によっては仕事内容が簡単すぎてしまったり、給与面でも違いがあったりすることです。

一方のクローズ就労では職場になにも伝えずに働いているため、給与や仕事内容は本人が頑張れば、希望通りにすることも可能になります。しかし、なんらかの発達障害の特性が仕事面に影響していた場合でも、配慮してもらえないというデメリットがあります。

なお、グレーゾーンの人は障害者手帳を持っていないため、グレーゾーンであることを公表して就職しても、障害者雇用枠の採用とはならず、法定雇用率にカウントされることはありません。ただし、職場によってはグレーゾーンであることを伝えることで配慮してもらえるケースもあります。グレーゾーンは、法的配慮という視点からも難しい立ち位置にあるといえます。

これらの困難を踏まえ、次章では上司という立場からどのようにコミュニケーションをとっていくと良いかについて紹介していきます。

第4章

グレーゾーンとのコミュニケーション

第4章　5つのポイント

4－① p111～	**発達障害グレーゾーンに気づく プロセスとは？**
	疾患であるかどうかではなく、困りごとがあるかどうかで判断する。
4－② p114～	**発達障害グレーゾーンに対応する プロセスとは？**
	どうすれば困りごとを解決できるかについて、本人とサポートする側が一緒に考える。
4－③ p120～	**困りごとに対処するポイントはなにか？**
	上司の視点から見た困りごとと、グレーゾーンの部下から見た困りごとをすり合わせ、課題を共有することが重要となる。
4－④ p121～	**グレーゾーンの苦手とするスキルとは？**
	ハードスキルは得意だが、ソフトスキルやメタスキルが苦手な場合が多い。一人の社員にすべてのスキルを求めないで、グレーゾーンの能力を活かす視点が必要となる。
4－⑤ p126～	**グレーゾーンの突き抜けている 能力の意義とは？**
	発達障害は、能力の凹凸ゆえに今いる環境に「生きづらさ」を感じている状態だといえる。この凸部分がイノベーションを起こす可能性がある。

発達障害グレーゾーンに気づき、対応するプロセスとは（気づき編）

発達障害などによる障害者雇用枠での採用とは違い、発達障害グレーゾーンの社員は、入社当初から障害が明らかになっていることがほとんどありません。働き出してしばらく経ってから、メンタルヘルスの不調が現れたときに、その背景に発達障害グレーゾーンがあったと分かることが多いようです。

疾病性と事例性について

第１章で少し触れたように、職場としてどのように対応していくかを決めるときは、病気の有無や種類（疾病性）に関する情報だけではなく、職場で実際に生じている問題（事例性）にフォーカスすることが大切です。

たとえば、うつ病や統合失調症と診断されている場合（疾病性）でも、職場で問題なく働けている（当事者も組織も病気に起因する困りごとがない）状態であれば、職場としては特別に対応する必要はないということになります。一方で、診断はついていないけれど、遅刻やミスが異様に多いというような問題が生じている場合（事例性）には、上司として対応し、適宜解決していく必要があるでしょう。

したがって、職場で生じている問題（事例性）について、本人と上司や部署がそれぞれなにに困っているかについて、コミュニケーションを重ねながら一緒に整理していくことが大切です。事務員として働くQさん（女性20代）のケースで考えてみましょう。

ミスが多く期限も守れないQさん

Qさんは、営業アシスタントとして営業部員の精算管理や書類作成などをしています。今の職場で働き始めて1年近く経ちますが、彼女がつくった書類には、押印やサインの漏れ、入力ミスなど、常になにかしらのミスがあります。かなりの頻度で提出先である経理部などの他部署から指摘されて再提出を命じられたり、提出期限に間に合わず注意されたりしているようです（事例性）。

Qさんは、素直で愛嬌があるタイプだったので、ミスが多くても上司を含めた周囲は、軽く注意はするものの笑って済ませているようなところがありました。しかし、経理部からQさんの上司に対して正式に抗議があり、上司とQさんは対応を迫られることになりました。上司はQさんに対し、いつもより厳しめな口調で、「書類を経理部に提出する前によくチェックしてから出すこと」や「提出期限を守ること」を指示しましたが、あまり改善はされなかったようです。

そのうえ、上司のいつもより厳しい口調にショックを受けたのか、それ以来、Qさんの上司に対する態度がよそよそしくなった気がすると言って、上司がカウンセラーである筆者のところに相談にきました。上司は、ネットニュースで読んだ「発達障害」の記事が、Qさんに合致していると感じたそうです。

筆者がQさんの上司から彼女に対する「困りごと」（事例性）をヒアリングしようとすると、上司は「Qさんは、発達障害だと思いますか？」と問うてきました。発達障害かどうかを心配する上司の気持ちも分かるのですが、職場における対応プロセスでは「事例性」を丁寧に把握していくことが重要です。繰り返しになりますが、統合失調症などの診断名が出ていても、当事者や職場に具体的な「困りごと」がなく、適応して働けているのならば問題にはならないからです。

まずは、Qさんが「書類作成を何度もミスすること」と「提出期限を守れないこと」で別部署からクレームを受けたという事例性にフォーカスする必要があります。この件に関して上司はQさんに対し、「よくチェックすること」や「提出期限を常に意識すること」を厳しめに伝えたようですが、それでは改善するのは難しいと思われます。上司の伝え方にも問題があった可能性があり、Qさんとの人間関係がギクシャクしてしまったことについても、なにが原因だったのかきちんと考える必要がありそうです。

発達障害グレーゾーンに気づき、対応するプロセスとは（対応編）

Qさんの上司は彼女が発達障害ではないかと疑いましたが、実際にはどうなのでしょうか。少なくとも、発達障害という診断がつくのは医師の診察によるしかないため、筆者が答えを出すことはできません。ただ、別部署からQさんに関するクレームが正式にきていることは事実であり、相談にきた上司はもちろん、Qさん自身もどうしたらいいか困っている可能性が高いと感じました。そのため、筆者はQさん本人のカウンセリングもすることになりました。

発達障害かどうかではなく、困りごとがあるかどうか

上司には、Qさんが「発達障害かどうか」ではなく、どうすれば「困りごと」を解決できるかについて一緒に考えましょうと提案しました。

まず、「書類作成を何度もミスすること」についての改善案は、次のようなことが考えられます。

・提出前に部署の誰かが書類のチェックをする。
・ミスや漏れにつながりそうな項目をリストアップし、そのチェックシートを作成す

る。

続いて、「提出期限を守れないこと」への改善案です。

・Qさんの業務の進捗表を部署内で共有し、提出期限が近い頃に同僚が声がけをする。

・期日前にアラームをセットし、忘れることを防ぐように工夫する。

他にもいろいろな方法があると思いますが、職場で現実的にできることを考えていく必要があります。たとえば、フォローのために上司を含む誰かに大きな負担がかかるような対策をとることは、なるべく避けるべきでしょう。

改善策を考える際に留意すること

このような改善案を上司からQさんに提案してもらうことになりますが、その際の留意点には次のようなものがあります。

・具体的な「困りごと」を事例性に基づいて上司とQさんで共有する。

・指導するというようなスタンスではなく、本人の悩みに寄り添うことを意識する。
・「○○ができていないですね」というようなネガティブな言い回しを避け、具体的な改善案を示して「○○してみたらどうでしょう？」などという言い方で聞いてみる。上司からの改善案自体が本人の負担にならないか、押しつけるような形になっていないかを確認することが必要。
・他に「困りごと」がないかどうかについても確認する。

ただし、今回の場合は、すでに上司とQさんの人間関係に課題がある可能性があったので、上司以外の人に相談したいと思ったら、カウンセラーである筆者のところにきてほしいと伝えてもらいました。しかし結果的には、上司とQさんで「困りごと」を共有し、事例性の改善策を考えることができました。先述した内容以外にも、部署のメンバーからアドバイスをもらいながら試すようにしたところ、課題はかなり改善できたということです。上司との人間関係も、次第に以前のような良好な関係に戻れたようです。

事例性への対処のポイント

このように上司だけではなく、部署の他のメンバーなどに協力してもらうことが可能であれば、「事例性」に対処できる確率は格段に上がります。ここでの留意点としては、Qさんが「特別扱い」されていることについて、周囲から不満を持たれないようにすることです。「こういう苦手な面があるから彼女に配慮している」ということを説明し、部署内で認識を共有すると良いでしょう。

本件では、Qさんは上司や部署のメンバーの協力により、少しずつ「困りごと」に対応できるようになりました。しかし、Qさんとしては今回の事例性に通ずる特性について幼少期から悩んできたということ、今回は他部署から上司にクレームまできてしまい、上司に申し訳ないことをしたという自責の念から、筆者のところに相談にきました。

Qさんは、自身の特性についてインターネットなどで調べたところ、ＡＤＨＤに該当するのではないかと思っており、一度受診しようかと悩んでいました。筆者は、当事者の発達障害が強く疑われ、その特性により日常生活や職業生活に影響が出ている場合は、受診を勧めています。

Qさんのようなケースでは、本人が発達障害か否か、またはグレーゾーンかどうかを医学的根拠（精神科医による診断）から知ることができます。受診することが、職場での困りごとなどに起因する生きづらさを解消するきっかけや手段になることもあり、受診をすることは問題解決のための1つの選択肢となります。

医師の受診をするメリット

今回のQさんは、上司や同僚に助けてもらいながら改善案を実施したことにより、ミスが改善されて仕事に適応できるようになったものの、自分の特性をより知りたいという思いから受診することにしたようです。その結果、ADHDの傾向がある（グレーゾーン）ということが分かりました。この診断結果を受けたQさんは、医師の「発達障害の〝傾向〟がある」という言葉に少し戸惑いを覚えながらも、いったんは「解答」が出てスッキリしたということです。

医師の診断が出た件について筆者と相談した結果、Qさんは上司にグレーゾーンであることを伝えることにしました。Qさんの場合は、すでに上司や同僚に配慮してもらっているものの、自分にどのような特性があるのかを上司と共有することは、決してマイナスにならないと考えられたからです。グレーゾーンの場合、上司や部署などに伝えるかどうか、伝えるのであればなんのため（配慮してほしい点を相談するなど）に伝えるのかを考えたうえで、話ができると良いでしょう。

上司側としては、部下からこのような相談があった場合、まずは、「発達障害」や「グレーゾーン」という言葉だけに惑わされないようにしなければなりません。Qさんの上司がそうだったように、近年は「発達障害」や「グレーゾーン」がメディアで取り上げられていることもあり、それを「なんとなく」知っている人は増えてきました。しかし、正確に理解できている人は少ないように思います。

困りごとを共有する

発達障害（グレーゾーンを含む）は、ASDやADHDなどにさらに細かく分類されています。しかし、その分類ごとの目立った特性にフォーカスし、「発達障害」と結論づけて定型的な対応策をとっても、「困りごと」の解決は難しいと思われます。そのため、部下や後輩、同僚などで発達障害が疑われる人がいた場合、自分の知っている範囲の一部の特性から「発達障害」と決めつけたりせず、いったんは「発達障害」という言葉を横に置いて、お互いの「困りごと」に着目すべきでしょう。

なお、配慮してほしいことについて話し合う場合、上司の視点から見た「困りごと」と部下の視点から見た「困りごと」を、お互いに提示してすり合わせると、話がスムーズになります。たとえば、上司は指示したことをメモして期限内に実行してほしいのに部下はそれができない、部下は聞いてメモをするという同時作業ができない、というそれぞれの「困りごと」を具体的に抽出することで、解決策が見つかりやすくなります。

ハードスキルとソフトスキル、メタスキル

筆者は、さまざまな企業・行政の新入社員研修や面談などに入る機会があります。

その度に思うのは、1人に求められるスキルが多いということです。たとえば、なんらかの専門的能力や技術を買われて入社しても、入社後は当然のようにコミュニケーションやマネジメント力などが求められます。つまり、ハードスキルとソフトスキル、メタスキルといったマルチ能力が求められるのです。

求められる3つのスキル

ハードスキルとは、一般的には専門性の高いスキルを指すケースが多いです。たとえば、PHPやJavaScriptといったプログラミング言語やアルゴリズムなどの設計、データベースエンジニアリング（データサイエンティスト）、英語などの語学、OSS-DBやCADを使った製図スキル、簿記などの事務処理はハードスキルの一例です。

ハードスキルは、訓練などを通して個人で高められる能力でもあると同時に、客観的に測定・評価がしやすい特徴があります。身につけておくと、能力のアピールがしやすいことがメリットです。

ソフトスキルは、コミュニケーション能力や調整力、問題解決力などです。このスキルは、仕事やコミュニケーションの中で育まれていくことが一般的といえますが、教育やトレーニングなどでも強化はできます。しかし、ハードスキルとは違い、ソフトスキルを保有していることを第三者に証明するのは実践以外では難しく、時間もかかります。ソフトスキルが高ければ、ビジネスを円滑に進めることができるメリットがあります。

メタスキルは、ハードスキルやソフトスキルを使いこなすために必要な応用スキルとも呼ばれるもので、チームワーク力やプロセス改善力などがこれに当たるといわれます。ソフトスキル同様に測定や評価が難しいものではありますが、仕事を円滑に進めていくうえで最も重要なスキルともいえるでしょう。

ハードスキルはあるがソフトスキル・メタスキルが苦手なRさん

３つのスキルをRさん（男性30代）のケースで考えてみたいと思います。彼は、新システム導入のため契約先の企業に派遣されました。Rさんは、ＳＥとしては高い技術力を持っていますが（ハードスキル）、説明やプレゼンなどは得意とはいえません

（ソフトスキル）。契約先企業の社員からシステムについて質問されても、マニアックな回答になってしまったり、専門用語を多用した説明をしたりして、相手を困らせてしまうことが少なくありませんでした。

新システムの導入では、Ｒさんが中心となって導入先の担当者やＳＥたちとチームを組み、システムが異常なく機能するよう諸々の調整をしなければいけません（メタスキル）。しかし、ソフトスキルが不得手なＲさんの場合、応用スキルとなるメタスキルを使って上手くチームをまとめ上げ、新システム導入後のＰＤＣＡサイクルを回すのは難しそうです。

本ケースでは結果的に、Ｒさんは契約先から「説明が分かりにくい」などのクレームが出てしまい、プロジェクトから外され、低い人事評価をつけられてしまいました。問題なく新システムの導入ができても（ハードスキル）、コミュニケーション力（ソフトスキル）やチームワーク力（メタスキル）が低かったことで、「できない人」と見なされたということです。Ｒさんは、すっかりやる気をなくし、転職などを検討しているということでした。

1人の社員にすべてのスキルを求めすぎてはいけない

グレーゾーンを含む発達障害の人には、Rさんのようなケースが少なくありません。専門性や希少価値のあるハードスキルを持ちながらも、コミュニケーション力などが高くないため、職場では「できない人」と認定されてしまい、自信をなくしていきます。職場では、3つのスキルがバランス良く高いマルチ人間が理想なのかもしれません。仕事が完璧にできるのは当たり前。社内外問わずコミュニケーション力が高く、気配りも忘れない。クレーム対応も得意なうえに、どんなメンバーと一緒になってもリーダーシップを発揮し、パフォーマンスの高いチームを結成できるような人。

筆者は、いろいろな企業の研修や人事評価、採用基準などを目にする機会がありますが、求める人材像や採用基準、人事評価などを見ていると、1人の人間に対して幅広い項目で高水準を求めている印象があります。そもそも、ここまで完璧な人材は多くはないのですが、全項目が「だいたいできている」という人は少なくありません。一方で、Rさんのような、スキルに凹凸があるタイプは、マルチ能力を求められる環境では適応しにくいといえるでしょう。

グレーゾーン社員を活かす

先ほどのRさんのケースを含め、ここまで複数の発達障害（グレーゾーンを含む）が疑われるケースについて紹介してきました。皆さんは彼らにどのような印象や感想を持たれたでしょうか。「なんだか生きづらそう」とか「周囲は大変そうだな」、または「自分にもそういう傾向があるかもしれない」など、いろいろな感想があると思います。

発達障害は能力の凹凸

筆者は、発達障害という名称に違和感を覚えることもあります。「発達障害」とは、一言でいえば「能力の凹凸」です。先ほどのRさんの例でいえば、SEとしての技術力は90点だけれど、顧客への説明力や気配りのようなコミュニケーション力は20点という具合でしょうか。この能力の凹凸によって今いる環境に「生きづらさ」を感じるのであれば、求められている能力に応えることができずにいる状態（＝環境適応が上手くいっていない）だといえます。グレーゾーンを含む「発達障害」が疑われるということになるかもしれません。

一方で、たとえば、Ｒさんの所属する会社が彼の技術力を高く評価し、Ｒさんにはこの部分のみを期待するというスタンスであればどうでしょうか。おそらくＲさんの人事評価は高くつけられ、彼は次のプロジェクトにも意欲を持って取り組もうと思えたでしょう。つまり、所属する組織の求める能力やスキルが、「障害」かどうか、「グレーゾーン」か否かに大きな影響を与えるということです。

実際、発達障害と診断される人の中には、飛び抜けてＩＱが高い人や抜群の集中力や行動力を持つ人が存在します。そのような人は、もちろん一般企業にもいますが、専門職や研究職に就いている人などに多い気がします。筆者は以前、カウンセラーと国会議員秘書を兼務しながら大学院で研究をしていた時期がありました。議員事務所や大学院には、一般企業では、「発達障害」や「グレーゾーン」にカテゴライズされる可能性がある「変わっている」と思う人たちがいました。「変わっている」は、一般的には、「普通」とか「平均」から外れている状態を指します。「平均」は、たとえば先ほどの3つのスキル（ハードスキル・ソフトスキル・メタスキル）すべてが60点台あたりと言えばイメージがつきやすいでしょうか。

突き抜けている人の活かし方

私が「変わっている」と感じた人たちに共通しているのは、良い意味では「突き抜けている」とか「一貫している」という表現がしっくりきます。たとえば、自分の設定した研究課題や目的を達成するための集中力や行動力が尋常ではないと感じる場面を何度も目にしました。しかし、彼らが周りの人間に気配りや配慮ができているかといえば、そういうことはまったくできないという人も少なくありませんでした。それでもなにかを「成し遂げること」が求められる環境に身を置く場合、突出した能力や実力がある者が大きな成果を上げるのだと思いました。

そのような環境では、突出したなにかをカタチにできた人が勝者であり、活躍できる人ということになります。おそらく彼らは、環境に適応できないなどということで悩んでいないでしょう。それは、適応障害にはならないということでもあります。このように、環境によって「発達障害」や「グレーゾーン」の対象者は変わってくるわけです。

ところで組織には、技術力、説明力ともに70点台（平均点より少し上くらいのイメージ）の社員が集まることが望ましいのでしょうか。そのような組織はたしかに無難で、顧客からのクレームなども少ないのでしょう。しかし、世界と勝負できるようなサービスや商品は生まれにくく、発展性の限界が見えてくるような気がします。

今の日本にはイノベーションが不可欠であることは明らかであり、「発達障害」や「グレーゾーン」といわれる人たちの凸部分は、まさにイノベーションを起こしてくれる可能性を十分に秘めています。マルチ能力がある人と、グレーゾーンの人の両方が働きやすい環境をつくることで、組織としても大きく成長することができるのでしょう。

第5章

グレーゾーンをサポートする

第5章　6つのポイント

5－① p134～	ハラスメントにならない注意の仕方とは？	何度注意しても改善されないと、つい厳しい口調になり、ハラスメントになる可能性がある。上司は、一緒に課題を解決する姿勢があることを口に出して、指導できると良い。
5－② p139～	モチベーションを維持してもらう褒め方とは？	周りは、病気ではないのだから特別な配慮は不要と考えがち。しかし、できることを褒めることで、グレーゾーンはやる気を出せる。
5－③ p144～	コミュニケーション能力を高める声がけとは？	グレーゾーンは、話の展開が読みにくい雑談が苦手だが、周りが適度に声がけをすることも必要である。
5－④ p151～	グレーゾーンに多い悩みとは？	発達障害と診断されないことで、サポートを受けられないのではないか。発達特性を単なる不注意ややる気の問題に置き換えられてしまう。人事やキャリアで不利なことにならないか。
5－⑤ p153～	グレーゾーンの部下を持った上司に多い悩みとは？	病気でもないグレーゾーンの部下に配慮が必要か疑問に思うし、配慮すると特別扱いに思われることもある。注意することがパワーハラスメントになっていないか心配。
5－⑥ p160～	上司がグレーゾーンのときはどうする？	報告するときは結論から先に述べ、ストレスになった場面があればメモしておく。グレーゾーンの上司の言動が、部下に対するパワーハラスメントになることがあるが、傷ついたときはきちんと伝える。

サポートしていくうえで押さえるべきポイント

筆者はこれまでさまざまな組織で、グレーゾーンを含む発達障害者へのカウンセリング、本人の上司や同僚、部下（上司がグレーゾーンということになります）、あるいは人事担当者に、彼らへの対応方法のアドバイスをしてきました。

上司や同僚などサポートしている側からの相談には、もちろん発達障害の診断名がついている人に関してのものもありました。しかし、組織の規模や体制などにもよるので一概にはいえませんが、グレーゾーンと思われる人たちに関する相談のほうが多かったように思います。

グレーゾーンの人たちは、発達特性により仕事や人間関係に悩みを抱えているのです。上司をはじめグレーゾーンに関わる人たちは、実際に彼らをどのようにサポートしていけば良いのでしょうか。まずは、サポートをしていくうえで押さえておくべき重要な３つのポイントから解説していきたいと思います。

ポイント①ハラスメントにならない注意の仕方

近年、発達障害という言葉がメディアなどで頻繁に取り上げられ、もしかしたら「自分は発達障害ではないか」と心配になって相談にくる人も増えてきました。また、それと同じくらい増えてきたのが「部下（後輩）が発達障害かもしれない」という職場の上司や先輩からの相談です。

グレーゾーンの部下を持った上司の悩み

上司からは、一緒に仕事をしたり教えたりしているうちに、「あれ？」と思うような場面が何度もある。あるいは、ダメなところを何度指摘して注意しても直らない、というような相談が多いです。こういったケースでは、上司や先輩は「自分の教え方が悪いのかもしれない」と思って悩んでいる場合と、「一生懸命指導しているのに態度を改めない部下に困っている」と苛立っている場合の両方があります。

ハラスメント（特にパワーハラスメント）に発展しやすいのは、後者のパターンです。発達障害の診断がついた部下であれば、部下の普通でない言動の原因が分かっているので、上司も割り切れるのでしょうが、グレーゾーンの場合は障害なのか性格なのか原因がよく分からないということが多いです。

上司の立場からすれば、他の人よりも時間をかけて業務を指導しているのに、その部下や後輩にだけ頻繁にミスが起きている状態に、苛立ったり頭を抱えてしまったりすることになるわけです。ミス防止のため、与えられたタスクや口頭での指示をメモして何度も見返すよう伝えても、「どこにメモをしたか忘れてしまいました」「急いでメモしたので字が読みにくくて……」などという答えがかえってくることもよくあります。

上司や先輩という立場の人たちからは、このような部下や後輩に対して、「ついカッとなって声を荒らげてしまった」という話を聞くことがよくあります。ミスがあっても根気強く、さらに指導に力を入れる上司もいますが、相変わらずミスが繰り返されていると、「やる気がないなら辞めろ」とか「ふざけるな」などと、激昂してしまうこともあるようです。

発達障害だと決めつけることはＮＧ

しかし、本人の立場からすれば、「悪気があって上司を困らせているわけでもないし、自分なりに頑張っている。なのに自分に対してだけいつも当たりが強く、上司は自分を嫌っているのではないか。これはパワーハラスメントかもしれない」ということになります。ここまでくると、上司と部下の人間関係はすでに崩壊に近い状態になっていて、修復が難しいことも少なくありません。このような状態になる前に、専門家や人事のところに相談にきてくれていたら、と思うことが多々あります。

発達障害の知識などがあったとしても、すぐに部下や後輩を発達障害だと決めつけることはＮＧです。「あれ？」と思うようなことが増えてきたら、まずはどのような場面で、なにに対してそう思ったのかメモしておくなどして、早めに専門家に相談することをお勧めします。専門家であれば、相談者の心のケアをすると同時に、困っている部下や後輩に対して、どのような対応方法が良いかを一緒に考え、ハラスメントにならない伝え方などをアドバイスしてくれるはずです。

アドバイスをもらって、「頑張ってはいるが、できない自分自身に対して、もどかしいものを感じているのだろうな」などと部下の立場になって考えてみると、自然と部下のつらさに共感した接し方ができます。そうすると、注意するときでも、最初に「あなたも努力しようとしてくれていることは分かるけど……」などという言葉が出てくるため、部下からすれば、全体的にグッと柔らかい印象を持つことになります。

ハラスメントにならない伝え方

また、「一緒に対策を考えよう」「どんなことで困っているのか一緒に整理しましょう」などと、一緒に課題を解決する姿勢があることを口に出すことも必要です。部下に「真剣に考えてくれている」という気持ちが伝わり、注意や指摘されていること自体をパワーハラスメントと受け取ることもなくなります。

職場のパワーハラスメントとは、優越的な関係を背景とした言動であって、業務上必要かつ相当な範囲を超えたものにより、労働者の就業環境が害されるものをいいます。このようなパワーハラスメントが起こりうるのは、上司が部下に対して「怒り」を感じる状況が出現したときなどです。そのため、「怒り」のメカニズムを理解し、コントロールする方法も覚えておくと良いでしょう。脳内の側頭葉や海馬の近くに位置する扁桃体は、怒りや不安、恐怖といった感情を強く感じると活性化することが分かっています。

こうした感情が脳と身体を完全に支配してしまうことを「扁桃体ハイジャック」と呼びます。これらの感情が自分にあることを認め、「怒り」と「実際に怒っている自分」を同一視せずに、「怒り」を手放すことが重要になります。その具体的な方法としては、次のようなものがあります。

・我を忘れて怒鳴り散らさないように、口を閉じて沈黙を維持する。
・その場で深呼吸し、怒りが収まるまで6秒待つ。
・怒りに限らず、ネガティブな感情が湧き起こったら「ちょっと失礼」などと言って、その場から離れる。

また、普段から自分がどういったときに怒りやすいかなど、自身の怒りのメカニズムを把握しておくことも大切です。

ポイント②モチベーションを維持してもらう褒め方

私は、グレーゾーンの人が働く職場の上司や先輩に、彼らへの対応方法についてレクチャーをする際には、「褒める」ことを意識したコミュニケーションや指導の重要さを伝えるようにしています。なぜ、「褒める」ことが重要なのかを理解していただくために、まずはグレーゾーンの背景から説明します。

グレーゾーンの背景にあるもの

会社など組織側からよく受ける質問の1つに、「グレーゾーンや発達障害の傾向がある人たちは、病気や障害ではないのですよね？」というものがあります。質問の裏には、「病気や障害ではないのだから、組織側が特別に配慮する必要はないのではないか？」あるいは、「誰でも多少の（発達の）偏りはあるのではないか？」というような発想があります。

この考えは、彼らの言動は「単なるわがままではないか？」「やる気が足りないだけではないか？」などという考えにつながりがちです。グレーゾーンの人たちは、職場で「なぜ自分は上手くいかないのだろうか？」と疑問に思い始め、やがて「発達障害」という言葉に出合います。しかしながら、発達障害の特性と自分の特性がきれいに合致するわけでもなく、医療機関を受診しても「発達障害の傾向がある」で終わることが多いです。

病気でないのなら、なぜ自分は周りの人たちと違うのか、どうしたらいいのか分からないと悩んでいる人も少なくありません。グレーゾーンの人は、またミスするかもしれない、他の人とズレているのかもしれない、また注意されたらどうしよう、などと気を張っていることが多く、いつも緊張状態にあります。そのため、職場から帰宅すると疲れ果ててなにもできない、翌日また出勤すると思うと緊張して夜も眠れない、朝も起きられないということになります。それらのことが、仕事に悪影響を与えてしまうことも多々あります。

上司や先輩は、まずはグレーゾーン特有のつらさがあることを、きちんと理解する必要があります。彼らは、ずっと解決できずにいる問題を抱えて上手く眠れない状態が続いている、いつも自分１人だけ変なことをしていないかビクビクしている、この先どうしようかと不安を抱えている、などと想像をしてみましょう。このような悩みは、誰にでも訪れるものですが、個人差はあっても、グレーゾーンの人たちは常にこういった悩みを抱えている状態だといえるのです。

褒めるときは具体的に

こういった悩みを持つ彼らには、どのような褒め方が効果的なのでしょうか。

まずは、ネガティブな伝え方を避けることを心がけましょう。たとえば、無意識に「また○○ができてないですよ」などという言い方をすると、想像以上に本人が傷ついてしまうことがあります。このような指摘をする場合であっても、「△△ができるようになりましたよね！　○○はこうしたらできるようになるのではないですか？」

などと自然な褒め方を意識すると良いでしょう。このとき、先に「できるようになったこと」を伝えることがポイントです。そのうえで、指摘したい内容について伝えるときには、言いっ放しにするのではなく、提案も添えることが必要です。

会議などのあとは、具体的になにが良かったのか、なにがダメだったのか、きちんと説明してあげるようにしましょう。たとえば、グレーゾーンの部下と一緒に参加した会議で、部下の発言が要領を得ず長引いたとします。他の出席者が時計を見るなど急ぐ素振りをしていたり、最後は議長から「時間が限られているので簡潔にまとめてください」と指摘されたりしたとします。

このようなケースで、会議が終わったあと上司が放置してしまうと、その場ではどのような言動が望ましかったのかが、本人には分からないままになってしまいます。会議終了後は、まずは上司の目から見て良かった点（自発的に発言したことや一生懸命伝えようとしたことなど）を伝え、本人に対しても、良かった点や反省点などを聞きます。先に部下に良かった点を伝えておくことで、本人はいったん安心することができ、その後の指摘事項なども落ち着いて聞くことができるようになります。

上司から指摘事項を伝える際には、まずは、本人に発言が長引いたことに対しての自覚があるかどうかを確認し、発言時間を○分に収めるにはどのような工夫が必要かなどを本人にも考えてもらいながらヒアリングします。そして、上司側からの意見を、ヒアリング内容に照らし合わせて言うようにすると良いでしょう。「照らし合わせる」のが必要なのは、上司からのアドバイスが、本人の時間感覚や課題解決法とあまりに乖離《かいり》している場合に、部下がプレッシャーを感じたり、できない自分に対して過度に落ち込んだりする可能性があるからです。

このようなアフターフォローをこまめにしていくことは、本人のモチベーション維持につながります。上司としても、部下の「できること」「困りごと」についての理解が深まり、徐々に任せて良い仕事やフォローが必要な内容などが分かってくるようになります。

ポイント③コミュニケーション能力を高める声がけ

グレーゾーンの人たちにとって、コミュニケーション上の困りごとや悩みごとの1つに、職場での「雑談」があるそうです。

雑談が苦手な人は多い

これまで私が、さまざまな課題を抱えながら働く発達障害やグレーゾーンの人たちから聞いた話の中で、共通していたことがあります。もちろん個人差はありますが、それは「職場でもっと会話がしたい」「雑談も含めて声がけをしてほしい」という気持ちを持っていることでした。

しかし、彼らは雑談をしているとき、上手く反応できるか心配なため、場の雰囲気に過剰に適応しようとして不自然になったり、逆に無愛想に見えたりすることがあります。雑談というコミュニケーションは、ビジネスパーソン向けに「雑談」をテーマにした書籍が売られているほど、難しいものです。仕事上のオフィシャルな会話よりも展開が読みにくく、難易度が高い場合もあります。そのため、発達特性によりコミュニケーションに苦手意識がある人にとっては、雑談は仕事上の会話より難易度が高いといえるでしょう。

彼らは、周囲の会話に敏感に反応して、「やっぱり自分は人の輪に入れない」など と、密かに自信を失っていることもあるようです。また、これまでの失敗体験を繰り返すまいと意識するあまり、相手がどう感じるのかを考えすぎて次の言葉が上手く出なかったり、無難な頷きしかできない自分にガッカリしたり、ということもあるようです。このようなコミュニケーションの悩みは、雑談に限らず、会話のテンポが重要視されるチャットなどでも見受けられます。

コミュニケーションは、同じグレーゾーンであっても、ＡＳＤとＡＤＨＤそれぞれの特性によって困難に感じる内容が異なっています。

ASDのコミュニケーション上の悩み

まずは、ＡＳＤの場合ですが、自閉的特性が強いケースでは、それがコミュニケーションに影響することがあります。自閉的特性は、対人関係において感情共有などが苦手で共感力に乏しい、自分の気持ちを伝えることが苦手、独特のマイルールにこだわる、臨機応変なコミュニケーションが苦手などといった特徴があり、親密な人間関係を築くことを得意としません。

しかし、自閉的特性が強い人は、１人でいるほうが楽ということもあり、対人関係がなくても気にしないところがあります。ただ、自閉的な傾向のあるグレーゾーンの中には、もっと人と関わりたいという思いを持っている人も多く、対人関係で悩んでいることも少なくありません。

ＡＳＤ特性があるグレーゾーンにもまた、「こうあるべき」という独特のマイルールや習慣にこだわる人がいますが、周囲からそのマイルールについて指摘されても自分の意見を曲げないところがあります。このような特性がコミュニケーションで弊害になっていることは、想像がつきやすいと思います。

こういった類いの特性を持っている場合でも、本人が気づいているか否かでコミュニケーション上の困難の度合いは変わってきます。自分の特性に気づかないままコミュニケーションをしている人は、他者から指摘されたことに対して、過剰にネガティブに反応して声を荒らげて否定したり、逆に落ち込んだりすることがあります。特性に気づいている場合は、周囲の反応を見て「自分はなにか違う」ということが分かると、無理に周囲の人に合わせようとします。しかし、そのような言動を続けていると、やがて疲弊していきます。

ＡＤＨＤのコミュニケーション上の悩み

次に、ＡＤＨＤの特性を持つグレーゾーンの人たちのコミュニケーションの困難さについては、どのようなことがいえるでしょうか。

ＡＤＨＤにみられる多動性、衝動性、不注意の３つの特性が、グレーゾーンの人のコミュニケーションに影響を及ぼすことがあります。多動性は、上司など重要な人の話であってもじっと聞いていることが難しい。衝動性は、落ち着きがなくしゃべりすぎる。不注意は、頭に浮かんだことをすぐ口に出したりするなどです。さらにADHDでは、程度の差はあるものの抑制機能障害があります。そのため、分かっていながら自分の話を止められない、人の話を最後までじっと聞けないなど、コントロールが難しい場合も多いのです。

グレーゾーンの場合は、自分の持つこれらの特性を正しく理解している人は少なくないようです。だからこそ「分かっていたのに（気をつけようと思っていたのに）できなかった」と後悔して、悩んでいることが多いのです。しかし、ADHD傾向の強いグレーゾーンの中には、これらの特性を活かし積極的にコミュニケーションをとって、場の中心人物になったり、面白いアイディアを次々に出している人もいます。また、周りを楽しませたりするような人もいるため、全員がコミュニケーションに困っているわけではありません。

グレーゾーンであっても、発達障害と同様にASDとADHDの両方の特性を持っているパターンも少なくありません。いずれにしても職場のコミュニケーションは経験によって高められることが多いため、彼らのこのような独特の悩みごとを理解したうえで、適度な回数の声がけを意識すると良いでしょう。

カウンセリングでよく聞く悩み

発達障害という言葉は、近年さまざまなメディアで取り上げられ、解説書などもたくさん出ているので、世間に広く知れ渡っています。しかし、発達障害と健常者の中間にあるグレーゾーンに対しては、まだそれほど理解が進んでいない印象がありま す。職場でも、グレーゾーンの人に配慮していることは、それほど多くないように思います。

グレーゾーンという言葉そのものを病名だと思っている人もいますし、そもそもの発達障害自体が、正しく理解されていないと感じることがよくあります。発達障害にＡＳＤやＡＤＨＤなどの分類があることを知らないまま、たとえば「こだわり」が強い人がいると、その部分だけに着目して「あの人は発達障害だ」と決めつけていることもあります。

しかし、最近になって、多くの企業で「発達障害」や「グレーゾーン」を正しく理解しようという動きが出てきています。メンタルヘルス対策のセミナーやコンサルティングでも、発達障害やグレーゾーンもテーマや対策の1つに入れてほしいという要望が増えています。

また、これまでは発達障害やグレーゾーンの本人に対するカウンセリング、あるいは人事担当者へのコンサルティングがほとんどでしたが、同じ職場の上司や先輩を対象としたセミナーなどの依頼も増えています。さらには、グレーゾーンだけを対象とした仕事の依頼も出てくるようになりました。これは、企業が発達障害やグレーゾーンについて正しく理解しようとしていることの表れだと感じています。本人だけではなく、指導的立場にある人が彼らへの適切な対応法を学ぶことが、良質なラインケアやセルフケアにつながるという視点が大切です。

この章では、主にグレーゾーンの人に具体的な指示をするときに念頭に置くべきポイントとして、①ハラスメントにならない注意の仕方、②モチベーションを維持してもらう褒め方、③コミュニケーション能力を高める声がけについて紹介しました。発達障害とグレーゾーンで対応法に違いはあるのかと思われる読者の方もいるでしょうが、私自身はこれまでの経験から、対応法には違いはあると感じています。

たしかに、発達障害を理解していなければグレーゾーンを理解できないのは事実ですが、グレーゾーンの人たちは発達障害の診断を受けた人たちとは違う独特の悩みを持っています。そのため、彼らの指導役である上司や先輩もまた、同じように悩んでいるのです。

ここで、筆者がグレーゾーンやその上司からよく相談を受ける内容を、一部紹介します。

グレーゾーンの人からよく受ける相談

・発達障害かもしれないと思って受診したが、「傾向がある」（グレーゾーン）ということで終わってしまった。この先も、ずっとこのままストレスを抱えて生きていくのだろうか。

↓これは、発達障害の診断がほしくて受診したのに、そのように診断されなかったケース。診断が下りなければ、治療やサポートをしてもらえないと考えている人に多い。

・グレーゾーンであるらしいことを上司に伝えたら、「発達障害でなかったのなら特に問題ないということですね」と言われ、その後はミスなども単なる不注意からくるものと思われ、かえって仕事がやりにくくなった。

↓上司は、発達障害など診断名のある疾病には理解があるが、グレーゾーンへの理解が低く、発達特性を本人の不注意ややる気の問題に置き換えてしまっている。

・グレーゾーンであっても、特定の仕事で支障が出てしまうことがあり、今後異動があったときなどに対応できるのだろうか。

↓異動の多い公務員からよく受ける相談内容。現在の仕事に上手く適応できていても、異動時期になると不安で仕事が手に付かなくなるグレーゾーンは多い。

・自分の特性が明確になれば、職場から配慮を受けられて働きやすくなるとは思うが、今後のキャリアアップに影響するのではないかと不安になる。
→診断を受けることでキャリアや人事、仕事内容などに影響が出るケースもある。

上司からよく受ける相談

・病気や障害ではないグレーゾーンの人への配慮って、本当に必要なのでしょうか。
→病気でないのなら、本人の普通と違う言動は、気の持ちようや価値観などの問題となにが違うのか理解しがたい。
・ミーティングにいつも数分遅刻する、軽易なケアレスミスを繰り返すなど、厳しく叱責するほどではないが、いつも注意しなければならない。
→毎回、同じことを注意するのもストレスだし、パワーハラスメントなどと受け取られないかも心配。
・本人が好きな仕事とそうでないものの差が大きい。好きなことばかりやらせていても成長が見込めない。

↓必要だから好きでない仕事もやらせたいが、こちらの手間が増えてしまう。
・職場の人間関係が上手くいかず、すぐメンタルの不調を訴えてくる社員がいる。いろいろと配慮しているが、それがかえって同僚の反感を買っているのではないか。
↓周りの社員から、配慮をえこひいきしていると勘違いされてしまう可能性がある。

グレーゾーンの本人や上司などからよく受ける相談を紹介しましたが、当然のことながら、発達障害の相談事例と類似している内容も少なくありません。しかし、正式に発達障害と診断されているか否かは、グレーゾーンの本人と上司の両者にとって意味のあることだと分かります。だからこそ、グレーゾーンの部下に指導・指示をしていくうえでは、グレーゾーン特有のつらさを理解したうえで、彼らが陥りがちなパターンへの対処法をあらかじめ用意しておくことで、コミュニケーションが円滑になります。

次に、グレーゾーンの人によくあるパターン別に、対処法をみていきましょう。発達障害者への対処と似ているところがありますが、グレーゾーンの場合は、以下のようなパターンが見られれば、まずはそれぞれの対処法で様子を見ると良いでしょう。診断が出ている発達障害者の場合は、医師やカウンセラーなどの専門職や人事と密に連携し、さらに手厚いケアや環境・業務内容を変えるなどの対応が必要になる場合もあります。

よくあるパターン別の指示・指導方法

［パターン１：会議などに開始ギリギリにくる、小さな遅刻を繰り返す］

「数分であっても遅刻はしないよう注意しましょう」と伝えたうえで、遅刻の原因をヒアリングします。本人も遅刻を気にしながら、なぜか間に合わないということが多いようです。こういったケースへの対策案としては、スケジュールを可視化し、会議の開始前の時刻にアラームをセットしてもらう、周囲に声がけをお願いするなどが考えられます。会議に必要な準備に手間取って遅刻しているケースもあるため、準備にどれくらい時間がかかるかを確認し、余裕を持って声がけをすることも必要です。

［パターン2：指示が理解できていない（通じない）］

「手が空いているときに簡潔にまとめておいて」などという曖昧な指示はNGです。このような指示では、急ぎ具合、あるいは簡潔とはどの程度なのかといった抽象的なことが、本人に伝わりません。

「○時までに△を、こんな感じで（完成形の資料などを見せながら）やっておいてもらえますか？」というように、指示は具体的に出します。そのうえで、本人の認識している「完成形」が、示した完成形と合致しているかどうか、相手がどのような理解をしたかを答えてもらいます。

［パターン3：会議などで話が止まらない］

会議前に、話す内容をまとめたものを、あらかじめメモなどで確認しておきます。普段の時間があるときに、1つの項目についてどれくらい話しているのかを自覚してもらうために、ストップウォッチなどで計ります。または、許可を得られたら会議中の発言などを録音しておくことも1つの方法です。そのうえで、○分以内など適度な時間を決め、その時間内に収める練習をしておくと良いでしょう。

［パターン4：こだわりが強くコミュニケーションに問題がある］

グレーゾーンはマイルールや規則にこだわる人、仕事でもマニアックな細部にこだわる人が多いです。コミュニケーションにおいては、自分の思い通りの展開にならない場合でも、過剰に反応しないようにするスキルなどを伝えられると良いでしょう。

過剰反応には、内的な過剰反応と外的な過剰反応の2種類があります。前者はその出来事に囚《とら》われて落ち込むことなどを指します。コミュニケーションで特に問題になるのは、後者の外的な過剰反応のほうです。思い通りにならないと、物に当たったり、怒鳴ったりするなどが挙げられます。過剰反応をコントロールするには、自分はどのような場面で「怒り」や「恥」などの感情を揺さぶられることが多いのかを知ることが重要です。

自分をコントロールできなくなるかもしれないと感じたら、深呼吸をして神経を落ち着かせ、思慮深く生産的な対応を選び取ります。もちろん人格を否定されたりした場面では、感情を抑えて我慢する必要はありませんが、単に客観的な指摘を受けているだけのケースもあり、どちらか見極めることも必要です。以上のようなことを指導できると良いでしょう。

仕事でマニアックな細部にこだわってしまう場合は、全体像を見せたうえで、1つひとつの仕事にかけられる時間を提示し、どの部分にフォーカスしてほしいかについて説明して、時間配分などを共有します。

[パターン5：音などの刺激に敏感な場合]

発達障害は知覚過敏の人が多いといわれますが、グレーゾーンも同じです。五感全部というよりは、特に音に過敏な人が多い印象があります。コピー機の音が気になったり、よく話す人の声が気になったりして、仕事に集中できないことがあります。まずは、1対1での面談の機会を持ち、職場の環境面で困りごとがあれば話してほしいと伝えましょう。差し支《つか》えない範囲で、席替えや耳栓の使用なども検討します。その際に、部署全体に理由を伝えるなど、周りに事情を説明しておくとスムーズであることを、本人にも伝えておけると良いです。

［パターン6：仕事の優先順位がつけられない］

グレーゾーンは、優先順位をつけることが苦手なケースが多いです。全体と部分の把握が難しいため、今後の展開を予測しにくい、なにか途中で別の仕事が入ると今していることを忘れてしまう、などといったことが起こりがちです。1週間や1日のはじめに一緒にＴｏＤｏリストを作成し、チェックすると良いでしょう。重要度が高い順にメモし、終わったら削除するなどとすると達成感も得られます。

［パターン7：仕事のクオリティにムラがある］

グレーゾーンは、得意な業務とそうでないものが明確な場合が多く、これは好き嫌いが明確であることにも通じています。できている部分にフォーカスして褒めたうえで、不得意なことについてはどのようなフォローがあればできそうかを、一緒に考えましょう。得意と不得意のギャップがあまりにも大きい場合は、得意なことに集中できる環境をつくれるかどうか、人事などに相談するという考え方もあります。

［パターン8：メタメッセージやニュアンスが伝わらない］

グレーゾーンの場合は、コミュニケーションの際に言葉以外によってもたらされるメタメッセージが上手く伝わっていないことが多いようです。そのため、空気が読めず余計なことを言ったり、取引相手に平然と失礼なことを質問したりします。また、相手がやんわり否定していることに気づかないこともあります。経験を積むことで得られるスキルもありますが、タイミングを見ながら「どういうことを相手に伝えようと思いましたか？」「そのとき相手はどう思ったか想像できますか？」などと聞き、相手の立場になって考える訓練をすることも有効です。

上司がグレーゾーンだった場合

上司がグレーゾーンではないかと疑う声が増えている

ここまで、グレーゾーンの社員の上司など、指導役となる人がとるべき対応法を解説してきました。次は、上司がグレーゾーンだった場合に、部下がどのように対応すれば良いかについて触れていきます。

本書を手に取ってくださった人の中には、なかなか話を聞いてくれなかったり、自分のやり方を押しつけたりする上司に悩んでいる人もいるのではないでしょうか。

本書の企画段階では、グレーゾーンの部下への対応法をメインテーマとしていました。それは、筆者が受ける相談に、グレーゾーンの社員に対して、上司としてどう対応すれば良いか分からない、グレーゾーンの部下に上手く対応できない自分には管理能力がないのではないか、などと思い悩んでいるケースが多かったからです。

ですが、最近は「上司がグレーゾーンかもしれない」という相談も増えてきました。その多くは、パワーハラスメントをしている上司が、発達障害やグレーゾーンではないかと疑う内容です。このような相談は前々からありましたが、今年に入ってから一気に増加しています。

今年に入ってから行政機関や民間企業でのパワーハラスメントの話題が相当増えており、連日のようにメディアで取り上げられていることも、相談が増えたことに影響しているのかもしれません。

パワーハラスメントを働いている人には、議員や首長など選挙で選ばれた人も含まれています。公職にある権力者のパワーハラスメントは、当然マスコミの取り上げるところとなり、報道をきっかけに類似する案件などが、行政、民間を問わず噴出することになります。このようなハラスメントの背景には、実際に、上司の発達障害やグレーゾーンが関係していると思われることも多々あるのです。

パワーハラスメントの背景にあるグレーゾーン

先述しましたが、グレーゾーンの中には突出したスキルやアイディアを持っていたり、ずば抜けた集中力で結果を出してきたりした人たちがいます。それらの能力を活かせるような職場環境にいて、大きな成果をあげた結果、出世して部下を持つようになるケースも少なくありません。

しかし、仕事で素晴らしい業績を出すことと、部下への対応や管理能力は基本的には別物であるといえます。特に、グレーゾーンの特性が管理職としての仕事と相性が良くないこともあります。ここでも事例を紹介しながら、グレーゾーンの上司への対応方法について解説します。

グレーゾーンの上司への対応法を知ることは、次のような面でも役に立ちます。

・グレーゾーンの自覚に乏しい上司について理解を深めることは、自分自身も他の人に似たようなことをしているかもしれないという気づきにつながる。
・部下が困ったり、悩んだりしてしまう上司の言動はどのようなものなのか、具体的に分かる。
・知識として対処法を知っていることで、困っている同僚や後輩の相談に乗ったり、然るべき人につないだりすることができる。
・組織として早々に把握することで、セミナーの企画や然るべき部署への配置換えなどを検討することができる。

ASD特性のグレーゾーンの上司Sさん

Sさん（男性40代）は、某メーカーのマーケティング部の管理職です。彼は、緻密なデータ分析を得意としており、自社製品の売り上げだけでなく、経理部門にも貢献してきました。また、異動などの際には、自身が蓄積してきたデータ分析の手法をマニュアル化するなどして、後任への引継業務も完璧にこなしてきました。このようなSさんのスキルや仕事ぶりを尊敬する社員がいる一方で、Sさんと一緒に仕事をしたことがある人たちからは、「完璧主義」や「彼はいったい何様？」という声があったのも事実です。

実は、Sさんの実績からいえば、もっと早くに管理職に就いていたはずでした。昇進が遅れたのは、Sさんと一緒に働いたことがある上司や同僚から、人事部門に「同じチームにSさんがいると仕事がしにくい」という相談が寄せられたことが大きな要因です。また、本人も管理職になって部下を持つことを望まなかったという経緯があります。

現在、Sさんには数人の部下がいます。部下たちはSさんの仕事ぶりや実績を尊敬しながらも、「こだわりが強い」「冷たい」「パワハラ系」などと陰口をたたいていることが社内にも広まっているようです。筆者は、Sさんの部下数名からヒアリングし、Sさん本人、また人事部門とも話す機会がありました。

部下たちから聞いたところによると、次のようなことがあったそうです。

指示された仕事をSさんに提出したとき「○時間かけてこの程度ね」とか「なに言っているのか分からない。結論から言って」などと言われた。「これ以上のことは求めないから、せめてここまでやって」などと見下すような発言があった。また、どんな事情があったとしても、マニュアル通りに仕事をしないと激昂することが多い。できないと思った部下に、指導するのではなく、部下の仕事を奪って「あとはこちらでやるのでもう結構」と吐き捨てるように言った。

Sさんの態度に耐えかねて、「異動したい」と人事部に泣きながら申し出た部下もいたということです。さまざまな場面でSさんとのコミュニケーションに悩んでいる部下たちは、なにか共通の話題で円滑なコミュニケーションがとれないかと模索していたところ、Sさんは歴史が好きだということが分かりました。以降、部下たちはS

さんに歴史の話題を振ったりしながら、少しずつ分かり合おうとしたそうです。
Sさんは、自分の好きなテーマでみんなが話しているときは、楽しそうに雑談に加わることもあるようです。ただ、Sさんの知識が深すぎて、マニアックな部分にフォーカスすることが多く、部下たちは顔を引きつらせて聞いていることもあるという話でした。話し出すと止まらないところがあり、機嫌が良いときは打ち合わせをしているときでも、戦国武将や戦術などの話を引き合いに出して、長々と仕事の進め方や今後の展開などを話すこともあります。これは、ごく一部の歴史好きな部下には好評ですが、対応に困っている部下のほうが多いようです。

筆者は、人事からの依頼でSさんからも話を聞きました。管理職として、部下とのコミュニケーションなどで困りごとはないかと問うと、「とくに問題はないと思う」とのことでした。続いて、部下の教育や指導、キャリアなどについて考えを聞いたところ、「部下に任せてみて、能力的に難しそうな仕事だったときは、自分が引き取ってやっている（お互いにとって時間の節約になるし、できないことをするのは部下もストレスになる)」、「歴史好きな部下が多いので、仕事の指導をするときや打ち合わせのときなど、戦国時代の話などを引き合いに出して喜ばれている（自分が気を遣われていることに気づいていない)」、「マニュアル通りに仕事を進められないことはおかしい（ここは譲れない部分である)」という回答でした。

筆者は、管理職としての役割に部下への仕事の指導も含まれていること、部下からの話を自分の「こうあるべき」というマイルールを横に置いて聞くこと、指示の仕方に気をつけること、マニュアル通りにいかないこともあることなどを伝えました。すると、「管理職になってから仕事に面白みを感じない」という話が出てきました。そして、部下であったとしても、自分の仕事のペースややり方を乱されることは非常に不快に感じる、ということでした。

Sさんには、ASD特性が出ており、グレーゾーンの可能性があるかもしれません。筆者は、仕事のスキルがもともと高いSさんには、部下の気持ちを慮《おもんぱか》るような声がけも難しいように思いました。Sさんと年次が近い中堅社員を部下とのやり取りの際に間に入れるような提案をしたところ、そのほうが助かるとも言っていました。

［部下などの対応法］

部下の方々にはSさんへの対応法について次のようなことを伝えました。

・SさんのASD特性について理解をしましょう。

↓これによりSさんが部下を傷つけようとしたり、見下して発言しているわけではないことが分かり、部下自身のストレスマネジメントにつながります。

・Sさんに報告などをするときは、結論から述べるようにしましょう。

↓背景や理由などから説明しているうちに、混乱させたり、苛立たせたりする場合があります。

・どこまでやれば仕事は完成したといえるのか、事前にすり合わせをしておきましょう。

↓求められている部分や時間などについて、お互いの認識のギャップが大きい場合が少なくないため、それを埋める必要があります。

・Sさんの言い方に傷ついた場合は、「私は、Sさんの〇〇という言葉に傷つきました」と伝えましょう。

→Sさんは悪気なく言っている場合がほとんどですが、Iメッセージなどの技法を使って相手に自分の気持ちを伝えることは、自分の心を守るうえで重要です(自分を主語にして気持ちを伝える技法をIメッセージといいます)。

・Sさんとのコミュニケーションが比較的とりやすいポジションにいる中堅社員に、やり取りの間に入ってもらったり、一緒に話してもらったりします。

→Sさんとポジションが近い人に介入してもらえば、緊張が薄れる、証人ができるなどのメリットがあります。

以上のようなことをSさんの部下たちに伝えたところ、Sさんに悪気はないことも分かり、コミュニケーションがとりやすくなったということでした。しかし、それでもSさんとしては、今のポジションにストレスを感じていることに変わりはありません。彼の依頼もあって人事担当者に状況を伝えたところ、人事とSさんとの面談が設定されることになりました。そして、Sさんは次の異動のタイミングで、管理職というポジションではあるものの、実質上は部下がつかない部門でデータサイエンティストとして、新しいキャリアをスタートさせることになりました。異動後は、本人もストレスフリーで働き、実績も出しているということでした。

本件は、人事が介入したこと、規模が大きい企業であったことなどが幸いして、上手くいった事例です。しかし、そのような条件を満たしていない場合であっても、人事や専門家が公平な立場で介入して、各々の事情を把握し、部下に対応法をレクチャーしたり、両者の間に社員を介入させたりするステップが重要になります。

ADHD特性のグレーゾーンの上司Tさん

Tさん（女性50代）は、イベントなどを企画する部署のリーダーで、5人ほどの部下を抱えています。明るく、部下とのおしゃべりも大好きなTさんは、部署の人間関係も悪くはありません。

ただ、Tさんは会議中でも仕事の話題から脱線してしまうことが多く、自分の好きなアーティストなどの話が止まらなくなることがあります。「今、この話をしながら新しい企画を思いついたんだけど！」などと言って、それまで議論していた企画とはまったく違うテーマが出てくることもよくあります。そういうとき、会議のメンバーは、また始まったか……という雰囲気になるのですが、たまにTさんの突然思いついたような企画が大当たりすることもあるため、スルーするわけにもいかないようです。

そのため、Tさんとのミーティングはいつも長丁場になります。また、Tさんは自分の都合や気分でスケジュールを変えたり、聞いていなかった新しい仕事を持ち込んできては、進行中の仕事を途中で止めたりするようなところもあります。

Tさんのこのような言動にいつも振り回されているのが、彼女の秘書を兼務している女性（30代）です。Tさんの秘書は、真面目で完璧主義的なところがあるため、本当に必要かどうかよく分からない仕事を突然押しつけられたり、スケジュールがコロコロ変わったりすることで、いつも頭を悩ませています。整理整頓が苦手なTさんは、個人的な持ち物を含めて、いつもなにかを捜しており、いつの間にか秘書も巻き込まれて一緒に捜す羽目になっていることもあります。

Tさんには ADHD特性がありそうです。しかし、Tさんの部下たちは、彼女の言動に慣れているところもあり、「また始まった」くらいの感覚で上手く対応していま す。しかし、秘書だけはTさんに振り回されることで、自分の仕事やスケジュールまで乱され、ストレスから仕事に行くのがつらいようでした。

秘書は、人事に異動などを含めてTさんのことを相談するか迷っていました。実績を出している上司について人事に相談することは、自分のキャリアに不利益が出るかもしれないと考えて、二の足を踏んでいたそうです。また、他のメンバーに相談したこともありましたが、「適当にスルーしたら」というアドバイスしかかえってこなかったということです。

［部下などの対応法］

秘書をカウンセリングする機会があった筆者は、次のような対処法をお伝えしました。

・1つひとつストレスになっている場面（たとえば、突然スケジュールが変わり、それによって秘書がなんらかの影響を受けた場合など）をメモなどで記録しておく。

↓ストレスになっている場面を整理し、秘書としてカバーできそうなところと難しいところを分けるなど冷静な対応法を考えられる。また、難しい部分については同じ部署のメンバーに相談し、全員で対応するようにできるかもしれない。

・Tさん本人に、ストレスになっていることを伝え、どうしてほしいのかを相談してみる。
↓上司の性格や人間関係次第ということもありますが、本人は自分のことでいっぱいいっぱいで、他者の気持ちにまで気が回らないことも多いです。言われることで気づいたり、できる範囲で気をつけようと努力したりするケースもあります。

・決定事項や合意点などを書き留め、メールで確認する。
↓悪気があるわけではないですが、話し合いなどで決定したことを覆したり、忘れたりすることがあるためです。

・上司への質問や相談は、1回に1つにする。
↓気が散りやすいため、あれもこれも……とならないようにします。

ＡＤＨＤ特性の上司は、特に真面目な部下からしたら、理不尽に見えることも多いでしょう。しかし、秘書など特に近くで関わっている人は、ＡＤＨＤ特性について勉強し、一般的にどのように対応すると良いかを学んでおくことも、自分自身のストレスマネジメントにつながります。

今回のケースでは、秘書は人事に相談することをためらっていました。このようなとき、まずはカウンセラーなどの専門家に相談し、さまざまな対応法を試したうえで、人事に相談するかどうかを決めるのも方法の1つです。

第6章

組織としてできること
――サポート側の心を守る

第6章　7つのポイント

6－① p177～	**グレーゾーン社員がいた場合のマネジメントとしての対応方法はなにか。** グレーゾーンは環境や業務によって困難さを抱えているので、柔軟に業務内容を考える、指示を明確にする、本人の能力を活かすなどの対応が必要となる。
6－② p182～	**サポートに当たる他の社員の心を守るにはどうすればいいか。** 忙しいからといって、サポートを任せっきりにすると、サポート社員がストレスを抱えることもある。負担が過度にならないようフォローが必要。
6－③ p184～	**上司自身の心を守るにはどうすれば良いか。** 部下がストレッサーになり、上司がメンタルに影響を受けてしまうことがある。上司自身に「すべき思考」があると、グレーゾーンの部下に怒りを感じてしまったり、自分の管理能力不足を悩むことになったりする。自分の「認知のゆがみ」を修正することで楽になる。
6－④ p193～	**グレーゾーンの社員がいる場合、組織としてどのように動けば良いか。** まず、4つのケア（セルフケア、ラインケア、産業保健スタッフによるケア、外部資源によるケア）を押さえて、社員のメンタルヘルスを守ることが必要となる。
6－⑤ p197～	**4つのケア以外に重要なケアはなにか？** チームケアやピアケアサポートによって、効果的なメンタルヘルス対策ができる。
6－⑥ p201～	**ピアケアとはどのようなものか。** 職場内で、事情に精通した従業員をピアサポーターに任命し、サポートに当たらせる制度。研修で傾聴訓練などを行い、ピアサポーターを育てることが重要となる。
6－⑦ p207～	**ピアケア導入に際して気をつけることは？** 社内の人が相談しやすい環境づくりと、ピアサポーターが守秘義務を必ず守ることが必要となる。アドバイスのノウハウを蓄積すると、効果的なサポートが可能になる。

サポート側の心が壊れることも

つらいのは本人だけじゃない

近年、発達特性を持つグレーゾーンの社員の上司などから、彼らへの対応法についての相談が増えてきたことは先に述べた通りです。発達特性ゆえに職場環境に上手く適応できずにいるグレーゾーンの社員がいる場合、当然のことながら本人はとてもつらい思いをしています。それと同時に、ダイレクトに彼らと関わっている直属の上司や部下が悩んでいることも多くあります。

そして、筆者のところにグレーゾーンの社員への対応法などを相談にくる頃には、すでに相談にきた彼ら自身が、メンタルに不調をきたしていることもあります。このような問題に対処することは、組織の重要な課題だといえるでしょう。

発達特性のあるグレーゾーンは、発達障害の診断名がついた人たちとは、また別の苦しみや悩みを持っています。そもそも障害者雇用ではない採用のため、基本的には会社側はグレーゾーンであることを把握していません。そのためグレーゾーンの部下が上手く職場に適応できていない場合、上司は管理能力を問われることがあります。

ただ、グレーゾーンの人たちは、発達障害と診断されている人たちよりも発達特性の凹凸が少ないといえます。そのため、いつも努力し、気を張り続けていれば、業務を遂行したり人間関係を築いたりすることは、なんとか可能なことが多いです。無理のない範囲で頑張り続けてもらうのが理想ですが、そのためには周囲のサポートと理解が必要です。

診断名がないグレーゾーンに配慮することについては、「病気や障害でもないのに……」と、周囲の理解が得られないこともあります。たとえば、上司がADHD特性のあるグレーゾーンの社員のフォローのために、何度も同じことを説明することがあります。しかし、苦労してフォローしているのに、本人が「記録したはずなんですけど……」などと言っていると、上司は「覚える気がないのか」「記録方法を工夫するつもりはないのか」と感じてしまいます。そんなグレーゾーンの部下の指導をしていると、「疲れる」「虚しくなる」というような話をよく聞きます。

またＡＳＤのグレーゾーンは、メタメッセージの読み取りやイマジネーションに問題を抱える、デジタル思考などの発達特性を持つことが多くあります。そのため、周囲からのサポートに心では感謝していたとしても、その気持ちを表すことが苦手で、上司をはじめサポート役となる社員は余計に疲弊するという話も聞きます。

筆者も、まだカウンセリング経験が浅かった頃に、ＡＳＤ特性を持つ方のカウンセリングで人間関係のアドバイスをして、そのアドバイスの矛盾点を演繹的な論理で延々とつつかれたことがありました。もし、このような状況がいちいち職場で繰り広げられていたら、周囲は仕事に支障が出るでしょうし、心も疲弊してしまうことは容易に想像できます。

グレーゾーンらしき社員がいた場合、下記の点に気をつけて、組織内のマネジメントとしての対応方法を考えてみましょう。

①柔軟に個別対応をするには

グレーゾーンの人は、特定の環境や業務で困難を感じたりしますが、それが一貫しているわけではありません。環境や業務が変わることで、感じる困難さも変わってきます。したがって、個別の特性やニーズに柔軟に対応し、得意分野の業務をさせたり苦手な部分のサポートを提供したりすることが効果的です。

②明確なコミュニケーションをとるには

本人に対する指示や期待することは、できるだけ具体的にわかりやすく伝えることが重要です。曖昧な指示や不明確な期待は、混乱やストレスを引き起こす可能性があります。視覚的なサポート（フローチャートやチェックリストなど）も有効です。

③グレーゾーンの強みを認識しそれを活かすマネジメント

彼らの強みを認識し、それを活かす業務を割り当てることが効果的です。たとえば、クリエイティブな思考に長けている場合、その才能を活かせるプロジェクトに取り組んでもらうなど、強みを前面に出した役割を見つけることが重要となります。

④定期的なフィードバックとサポート

本人の仕事ぶりについての定期的なフィードバックとサポートが必要です。改善が必要な点についても、批判的ではなく、建設的に伝えましょう。また、必要に応じてフィードバックの形式を調整すること（口頭、書面、ビジュアルなど）も大切となります。当人だけでなくフォローしている周囲へのフィードバックやサポートも大事です。

⑤心理的安全性の確保

職場内で心理的安全性を確保することが重要です。自分の考えや困りごとを率直に話せる環境があると、グレーゾーンの人たちは安心して働くことができます。問題が発生した場合は、彼らと解決策を一緒に見つける姿勢を示すことも大切です。

⑥ワークライフバランスへの配慮

グレーゾーンの人たちは、ストレスを抱えやすいといえます。適切な休息とリカバリーの時間を確保できるよう、ワークライフバランスに配慮した働き方を考えることが必要です。柔軟な勤務時間や在宅勤務の選択肢も考慮に入れましょう。

次に、「グレーゾーンをサポートする側の心を守っていく」という視点で、具体的に考えていきます。

他の部下の心を守る

サポートを頼むとき任せっきりにしないためには

グレーゾーンが上司の場合もあれば部下の場合もあります。どちらの立場であっても、他の部下や同僚にサポートをお願いする必要が生じることがあります。ここで、グレーゾーンの部下を持つUさん（男性30代）のケースを紹介します。

グレーゾーンの部下を持つUさん

Uさんの課に所属するグレーゾーンの部下は、仕事のやり方に独自の考えがあるようで、どのような場面でも自分の考えを押し通そうとするところがあります。しかも、自分の考えや意見を押し通す相手がお客様の場合もあるため、周囲はヒヤヒヤすることがよくあるそうです。

Uさんはグレーゾーンの部下をフォローしているつもりですが、彼自身もたくさんの仕事を抱えており、他にも部下がいるため、付きっきりというわけにはいきません。そのため、Uさんのアシスタントがグレーゾーンの社員をフォローする場面が多くなっていました。

このグレーゾーンの社員は、周囲が戸惑いがちな「衝動性」の特性が強く出てしまうことがあります。ASDが感情のコントロールが上手くできないというのは、衝動性によるものです。このグレーゾーンの社員も不快感を制御することが苦手で、怒り出すと止められないところがありました。

一度、アシスタントがグレーゾーンの社員をフォローする際になにか逆鱗《げきりん》に触れるようなことを言ったのか（アシスタントはなにが逆鱗に触れたのか分からない）、怒鳴り散らされたことがあります。アシスタントはそれがトラウマになっていて、その件以来、グレーゾーンの社員のフォローに大きな負担を感じるようになりました。さらに、他の部下たちもグレーゾーンの社員が明らかに変わっていることを察し、彼には関わりたくないというような雰囲気があったそうです。

このままではアシスタントのメンタル面が心配です。上司であるUさんは、グレーゾーンの社員のサポートをアシスタント1人に任せっきりにしていなかったか、アシスタントに対してのフォローはどのように考えていたか、他の部下にはどのような働きかけをしたか、多角的な視点から検討していく必要があるといえるでしょう。

上司自身の心を守る

よくある悩み

上司に当たる人に、グレーゾーンの部下について筆者のような専門家に相談にきていただくのは大切なことなのですが、そのときすでに上司自身がメンタルに不調をきたしていることがあります。この場合、部下がストレッサーになっています。上司はグレーゾーンの部下のどのような言動で悩むことになるのでしょうか。

繰り返しになるものもありますが、グレーゾーンの部下を持つ上司からの相談で多いものを紹介します。

- 診断名がついているわけではないため、困りごとがあって人事に相談しても、配慮を得るのが難しい。
- グレーゾーンの発達特性は、本人の努力で変えられるという考えが拭えず、努力不足に見えてしまう。
- グレーゾーンの部下に振り回されているのは、自分の管理能力の不足が原因だと見られることがあるし、実際にそうかもしれないとも思う。
- グレーゾーンの部下が組織内にいることで余計な仕事が増え、組織内の人間関係に軋轢《あつれき》が生じている。

・グレーゾーンの部下がこれまでの業務の進め方に従わず、自己流を突き通そうとするが、優秀で結果を出しているためなにも言えない。
・注意したり、叱責したりする回数が多くなるため、パワーハラスメントを疑われないか不安になる。
・関連部署からグレーゾーンの部下に対するクレームがくることがあるが、事情を伝えて良いかどうかがはっきり分からないため、とりあえず謝罪ばかりしている。
・グレーゾーンの部下に受診を促したいが、本人にそこまで言うことができない。
・感覚過敏のグレーゾーンの部下への配慮をしていたら、事情を知らない他の社員から不公平だと言われた。
・グレーゾーンの部下への対応が思っていた以上に大変で、なぜこんな苦労をしなければならないのか……と不満に思う自分は、人間性に欠けるのではないか。
・グレーゾーンの部下に手こずるのは、自分の指導力や伝え方に問題があるのかもしれず、また、自分自身の能力がないからかもしれない。

このような悩みごとのいくつかは、グレーゾーンの部下に悩んだことがある上司なら、一度は頭に浮かんだことがあるのではないでしょうか。

共通の悩みが起こる原因

なぜ、上司や先輩に当たる人は、同じようなことで悩み、自分のメンタルにまで影響を受けることになるのでしょうか。

そもそも、これらの問題が起こる原因は、上司とグレーゾーンの部下の人間関係にあります。たとえば、「診断名がついているわけではないため、困りごとがあって人事に相談しても、配慮を得るのが難しい」というのは、一見すると人間関係との関連性が高くなさそうな悩みごとです。

しかし、人事から配慮を得にくいのは、実は事情をきちんと伝えていない場合が多いと思われます。上司と部下の間で、部下の発達特性を含めてどこまで内情を人事に伝えるかについて、話し合って合意を形成する努力をしていないのではないでしょうか。診断がついていなければ他の社員とまったく同じに扱うという、硬直的な思考の人事であれば話は別ですが、一般的な人事の場合、詳細を説明することで配慮を得ることができると思います。

また、「グレーゾーンの発達特性は、本人の努力で変えられるという考えが拭えず、努力不足に見えてしまう」という悩みも、部下との対話不足のため、発達特性を変える難しさが理解できていないという可能性もあるでしょう。

さらに、メンタル不調をきたしやすい上司の特徴として、「〜であるべき」「〜すべき」という感覚が強い人という印象があります。この感覚が強い人は、独自の正義感のようなものを持っていたり、自分自身に対して高い目標を設定していたりして、自分を追い込みやすいという特徴があります。この特徴により人間関係に影響が出るのは、自分で設定した「〜であるべき」「〜すべき」という価値観を、他者に当てはめているケースです。この場合、その通りに行動しない相手に対して、ネガティブな印象を持ったり、怒りを感じたりすることになります。

ある会社で、グレーゾーンの部下のミスをリカバリーするために、上司や他の部下が残業をしたことがありました。ミスについては、グレーゾーンの部下から全員に対して謝罪の言葉はあったものの、上司からすると、その言葉はどこか表面的で本当に反省しているのか疑問に感じたそうです。そして、そのような状況にもかかわらず、自分の仕事が終わると、グレーゾーンの部下は「では、お先に失礼します」と言って悪びれもせず先に帰ろうとしました。

上司は、グレーゾーンの部下に対して強い怒りを覚えました。そして、他の部下に対しては、グレーゾーンの部下に関する自分の管理能力不足で申し訳ないことをしたと思うと同時に、自分は管理職失格だと落ち込みました。

このような上司の「〜であるべき」「〜すべき」の背景には、次のような思考がありそうです。

- ミスをして周りに迷惑をかけた者は、反省している姿勢（これも上司のルールに沿っているものである必要がある）を示すべきだ。
- ミスをした者が先に帰ることはありえず、最後まで残るべきである。
- 管理職は、能力不足により部下に迷惑をかけることがあってはならない。

このような思考は、ほとんどの場合は、そのように考えることがクセになっているのです。そのため、別の似たようなシチュエーションでも、同じような感じ方や考え方をしてしまいます。

「～であるべき」「～すべき」思考が強いケースの場合、筆者のカウンセリングでは、状況（＝ミスした本人が先に帰った）に対してどのような認知（＝ミスした者は反省の姿勢を示し、最後まで残るべきだ）をしているかについて、ヒアリングをします。状況や出来事に対して悲観的な捉え方をする人は、自分の価値観や思考法に「認知のゆがみ（＝客観的事実と違うゆがんだ捉え方）」があり、この傾向が強い人はうつ病になりやすいといわれています。

認知行動療法と首尾一貫感覚

うつ病などに効果のある心理療法の1つに認知行動療法があります。認知行動療法では、出来事に対して「ゆがんだ認知」をしてしまう人が、客観的で事実に即した捉え方やものの見方（「適応的認知」という）ができるようになることを目指します。具体的には、つらい感情を生み出す自分の考え方のクセを書き出し、どんな思考のクセがあるかを知り、より現実的で柔軟な思考に修正していく練習をします。

このような練習は1人でもできます。普段から自分はどのような思考のクセを持っていて、それはどういう状況がトリガーになって発動するのかについて、意識し記録しておきます。そうすると、自分にとってネガティブな認知をする元となる「思考のクセ」を修正できるようになります。

グレーゾーンの部下と関わることでストレスを感じている上司の人も、自身の心を守るために、先述した認知行動療法のほか、自身に合ったストレスマネジメント術の引き出しをたくさん持っておくことをお勧めします。

なお、ストレスマネジメントに関しての書籍は世の中にあふれていますが、私自身はストレスマネジメント専門家として「首尾一貫感覚（別名：ストレス対処力）」の研究を続け、これに関連する原著論文や書籍を出してきました。

「首尾一貫感覚」はユダヤ系アメリカ人の医療社会学者、アーロン・アントノフスキー氏（1923～94年）が提唱したものです。彼は、戦時中にナチスドイツの強制収容所に入れられた女性を分析し、過酷な体験をしたにもかかわらず、戦後も明るく良好な健康状態を維持した女性たちに共通していた考え方や特性を、「首尾一貫感覚」と名づけました。

「首尾一貫感覚」は大きく3つの感覚からなっています。①「把握可能感」（自分が置かれている状況や今後の展開を把握できると感じる）②「処理可能感」（自分に降りかかるストレスや障害に対処できると感じる）③「有意味感」（自分に起こることには意味があると感じる）。首尾一貫感覚の実証研究は、これまで世界各国で行われてきました。

それらの研究で「首尾一貫感覚の高さ」と「心身の健康度」「人生や仕事への満足感」などには、正の相関が認められています。一方、「首尾一貫感覚の低さ」と「うつ傾向」や「病欠日数」などにも正の相関が認められています。首尾一貫感覚を高めることは自身のストレス対処力を高めることにつながるということです。なお、この首尾一貫感覚は、後天的に高められる感覚であることも分かっています。

本書は、首尾一貫感覚をテーマにした書籍ではないため、その説明は割愛しますが、興味がある方は拙著を当たっていただけたら幸いです。そこに首尾一貫感覚を高める具体的な方法を事例とともに掲載しています。

組織としてどう動くか

４つのケアを押さえる

組織は、グレーゾーン当事者や彼らと関わる職員だけにフォーカスするのではなく、グレーゾーンにまつわるトラブルや困りごとは、組織全体として取り組む課題だという認識を持つことが重要です。

筆者は、中央官庁や自治体、企業などの職員（管理職含む）や人事を対象にしたメンタルヘルス対策セミナーを実施しています。その中で、押さえていただく基本的な内容となる「４つのケア」をお伝えしています。４つのケアとは、厚生労働省の「労働者の心の健康の保持増進のための指針」の中で示されているメンタルヘルスケアを指します。

このメンタルヘルスケアは、メンタルヘルス対策を効果的に進めるために必要なケアを4つの種類に分けて教えてくれています。

①「セルフケア」私たちが自分自身で行うことのできるケア。働く人が自らのストレスに気づき、予防・対処し、また事業者はそれを支援すること。

②「ラインによるケア」管理監督者（管理職）が行うケア。日頃の職場環境の把握と改善（部下への声がけなど普段からのコミュニケーション）、部下の相談対応（悩みを聴く）を行うことなど。

③「事業場内産業保健スタッフ等によるケア」企業の産業医、保健師や人事労務管理スタッフが行うケア。労働者や管理職等の支援や、具体的なメンタルヘルス対策の企画立案を行うことなど。

④「事業場外資源によるケア」会社以外の専門的な機関や専門家を活用し、その支援を受けること。

3つの予防 ＼ 4つのケア	一次予防 疾病予防 健康増進	二次予防 早期発見 早期対処	三次予防 復職支援 再発予防
セルフケア	・メンタルヘルス研修への参加 ・自身のストレス解消法の実施	・メンタルヘルス不調の徴候への気づき →チームケアで自発的相談	・健康観察ノートなどの作成 ・行動変容などの研修を受けるなど
ラインケア	・普段からコミュニケーションをとる ・メンタルヘルス推進員との連携	・部下のメンタルヘルス不調のサインへの気づきと相談対応	・復職前面談 ・復職判定会議 ・復職後の支援と観察（仕事ぶりや健康状態）
産業保健スタッフによるケア	・メンタルヘルス教育や情報の提供 ・ストレス調査	・早期発見のための教育 ・相談対応 ・医療機関などの情報提供	・復職判定会議 ・復職支援プラン ・上司や受け入れ部署へのコンサルテーションなど
事業場外資源によるケア	同上	・相談対応（EAP（従業員支援プログラム）など） ・診断・治療（医療機関）	・治療や相談の継続 ・復職支援プログラム提供など

『一次・二次・三次予防と4つのケア』中央労働災害防止協会「心理相談専門研修」より一部改変

各ケアにおいては予防という観点も重要で、ケアを行うにあたってメンタルヘルス不調をいかに効果的に予防するかを考えなければなりません。予防は第一次〜第三次予防に分けて考えることができます。

「一次予防」：メンタルヘルス不調を未然に防止する
「二次予防」：メンタルヘルス不調を早期に発見し、適切な措置を行う
「三次予防」：メンタルヘルス不調となった労働者の職場復帰の支援等を行う

これらの取組みにおいては、教育研修・情報提供を行い、「4つのケア」を効果的に推進し、職場環境などの改善、メンタルヘルス不調への対応、休業者の職場復帰のための支援などが円滑に行われるようにする必要があります。

前ページの表は、4つのケアを3つの予防という視点から整理したものです。4つのケアは、それぞれ誰がどのような対策を進めるかについて記述されたものです。一方、産業保健の領域では健康障害の予防という観点から、一次予防（疾病予防・健康増進）、二次予防（早期発見・早期対処）、三次予防（社会復帰・再発予防）という分類が広く

用いられています。

基本的な4つのケア以外の重要なケア

4つのケアを押さえることは重要ですが、組織におけるセルフケアとラインケアは職員自らが実践していくケアという意味で必ず押さえておくべきケアです。

その他にできるケアにチームケア（組織の中でフォローアップしていく：組織風土が重要）やピアケア（部署外の特定知識のある人に自由に相談できる：ピアケアの教育が重要）というものがあります。筆者は、企業や自治体の管理職を対象とした研修でチームケアやピアケアの重要性や導入方法を伝える機会が多くありました。さらに、研修時間内にこの制度を具体的に機能させていく方法を、ワークショップなどを通じて一緒に考えていくことをしています。それは、すでにチームケアやピアケアサポート（中身は大体同じだが、この名称とは限らない）を導入していながら、機能していないケースも少なくないからです。機能しない理由には、組織内に上手く周知されていない場合もあれば、特にチームケアでは組織風土に馴染みにくい、誰が上司なのかによって左右されやすいという事情もあります。

つまり、それぞれの組織に合ったケアを選択していくことが大切ですが、今後最も注目度が高いケアは、「ピアケア」だと考えています。

なぜなら、グレーゾーンの人や彼らと関わる人を含め、メンタルに悩む人は縦（直属の上司や先輩）や横（利害関係のある同僚など）の関係次第では、誰にも相談できないことがあるからです。だからこそ、社内のことを理解している他部署の人に相談するピアケアが役立つのです。

ここで事例を通じ、４つのケアやその他のケアについて整理しながら、理解を深めていきたいと思います。

上司に相談できないVさん

鈴木さん（男性30代、仮名）は大手企業の管理職です。最近、自分の課に異動してきたばかりの部下のVさん（女性20代）が仕事に集中できていない様子を心配していました。Vさんは前部署では優秀な社員だったと聞いていましたが、異動直後から業績も下がり、ミスも目立ち始めています。鈴木さんは、Ｖさんはなにか問題を抱えて仕事に集中できずにいるのではないかと感じ、なにかあれば遠慮せず上司である自分に話してほしいと伝えましたが、Ｖさんはなかなか本音を打ち明けませんでした。

［４つのケアによる対応］

メンタルヘルスケアにおいて、まず取り組むべきなのはセルフケアとラインケアです。繰り返しになりますが、セルフケアとは、個々の社員が自身のストレスやメンタルヘルスの状態を管理し、必要なケアを行うことを指します。一方、ラインケアは、管理職や上司が部下のメンタルヘルスを支援し、適切なサポートを行うことです。鈴木さんのように、部下のＶさんに対して気を配り、フォローアップすることが求められます。

ただし、Ｖさんがなにか発達的な課題を抱えている場合や、すでになんらかのメンタル不調を抱えている場合は、「事業場内産業保健スタッフ等によるケア」を利用することも１つの方法になります。このケアは、基本的に企業の産業医、保健師や人事労務管理スタッフが本人に対して行うケアとなるため、Vさん本人の同意が必要となります。それが難しい場合は、上司である鈴木さんが、Vさんへの対応法を事業場内産業保健スタッフに相談をすることもできます。また、事業場外資源となる医療機関など、社外の専門家によるケアを利用するのも1つの方法です。

[その他のケアも活用する]

組織内で実践できるケアとしては、チームケアも重要です。これは、組織全体でフォローアップを行い、一般的には同じチーム内の社員同士が支え合う文化を醸成することです。鈴木さんのチーム内で良好な人間関係が築かれ、互いに声をかけ合うなど助け合う風土があれば、Vさんも早期にサポートを受けられたかもしれません。

さらに、筆者も導入を勧めているのがピアケアです。ピアケアとは、一般的には、社内の他部署や専門知識を持つ人々（たとえば、キャリアコンサルタントなどの資格を持った社員）に相談できる仕組みを指します。仕事のことで悩んでメンタル不調を感じながらも、組織内での縦や横の関係性から周りに言い出しづらかったりする人は少なくありません。Ｖさんも、直属の上司である鈴木さんには本音を言いづらかったかもしれません。

この事例にはもう１つ、管理職である鈴木さん自身が抱える隠れた課題がありました。鈴木さんは、直属の上司である自分に相談してくれないＶさんに対し、自分の管理能力不足を感じて悩んでいました。さらに、鈴木さん自身も、Ｖさんの件に関して、人事や自分の上司、同僚などに相談するのに慎重になっていたのです。

そのようなときでも、社内のことを理解しつつも、直接的な業務関係のない他部署の社員や専門家に相談できるピアケアの存在が役立ちます。

ピアケアの重要性

ピアケアサポートとは？

このように、同じ部署では相談がしにくいことがあるという背景から、ピアケアの重要性はますます高まっています。ピアケアが適切に機能することで、社員は相談することで自身のキャリアなどで不利益を被らないかという不安から解放されます。安心して悩みを打ち明けることができ、問題の早期発見と解決が可能になります。結果的に、Vさんのようなケースだけでなく、鈴木さんのようなケースであっても、早期に適切なサポートが提供される可能性があるでしょう。

本書の出版にあたり、ウェルネス事業の一環としてピアケア制度を運営しているSBアットワーク株式会社（ソフトバンク株式会社のグループ会社で、主に給与や安全衛生など人事関連のシェアードサービスを提供している）の担当者様に、ピアケア制度（ソフトバンクでの名称はピアサポーター）について取材をさせていただきました。その内容を参考に、事例を交えながらピアケアについて詳しく紹介したいと思います。

ピアケア制度（類似した制度で名称が違うケースも少なくない）は、今では多くの企業で導入されていますが、いち早く着手したのはソフトバンクだと思われます（筆者調べ）。2008年に正式な制度として運用を開始し、2024年現在、グループ内の4社に、計約110名のピアサポーター（制度の中で相談員として活躍している社員）がいます。

ピアケアサポートは、職場内で従業員が他の従業員をサポートし、助け合う制度です。ピアケアをより専門性を持った支援にしたい場合は、働きやすさ、働きがい、キャリア、そしてメンタルヘルスに関する知識を持った従業員を育成するのも1つの方法です。SBアットワークは、ピアケアサポートの理念として、「働きやすい環境づくり」と「支えあう企業風土の醸成」を掲げています。ピアサポーターたちは、社内で課題を抱えるほかの従業員のサポート役として、この理念の実現に貢献している存在だといえます。ピアケアサポート導入の際には、制度の理念や目的を掲げ、それを組織とピアサポーターが共有することが制度継続のうえでも大切なことになります。

ピアサポーターの役割

[傾聴する]

ピアサポーターの最も基本的な役割は、同僚が抱える悩みやストレスに寄り添って話を聴く、つまり傾聴するということです。傾聴は、漢字で「聴」と書くように、相手のメッセージに「耳」を傾け、表情や声色、態度、言葉の背後にある感情などにも意識を向けて共感する「話の聴き方」です。アメリカの心理学者でカウンセラーのカール・ロジャーズは「積極的傾聴」を提唱し、自らが行ったカウンセリングの事例を分析して、話を聴く側には次の3つの要素が必要であると言います。

カール・ロジャーズの「積極的傾聴」の3要素とは次の内容です。

①自己一致（congruence）：話を聴いて分からないことをそのままにせず聴き直すなど、真意を把握する

→たとえば、相手が話した内容に分からない単語などが出てきたとします。そのとき、その場で単語の意味を聞くと話の腰を折ることになるのではと遠慮して聞かず、分かったふりをしながら話を聞くことは、自己一致しているとはいえない状態です。

②共感的理解（empathic understanding）：相手の立場になって話を聴く

→共感的理解を示すには、〝相手の感情を理解する〟ことにフォーカスすると良い

です。「嬉しい」とか「さみしい」など感情を表す言葉が出たときは、その言葉を繰り返すなどして、丁寧に拾います。

③無条件の肯定的関心（unconditional positive regard）：自分の物差しで善悪や好き嫌いといった評価をせず、肯定的な関心を持ちながら話を聴く態度

↓まずは相手の話を否定せず、関心を持って聴くことです。

傾聴力のあるピアサポーターに話を聴いてもらえることは悩んでいる人にとって非常に重要です。話を聴いてもらえた、理解してもらえたと思えるだけでも心の負担が軽減されます。たとえば、先程の事例で、新しい部署にきたばかりのVさんは、周りから即戦力と期待され仕事のプレッシャーに悩んでいたとします。しかし、Vさんが新しい部署で任されたプロジェクトは、実は彼女の得意な領域ではなかったこともあり悩んでいました。

ピアサポーターが時間を割いて話を聞くことで、Vさんは心の内を吐き出すことができ、精神的な負担を軽減することができます。これは、管理職である鈴木さんにも

同じことがいえます。これを言ったら、管理能力がないと判断されて不利益を被るのではないかという考えを排除して相談できる場所があることは、管理職にとっても大切なことです。

［社内の働き方に沿ったアドバイスをする］

次に、ピアサポーターは、悩んでいる従業員に対して、社内の働き方や業務に適したアドバイスを行います。たとえば、上記のVさんがプロジェクトの進め方に悩んでいた場合、ピアサポーターは過去の成功事例や社内のリソースを活用する方法をアドバイスします。これにより、Vさんは実践的な対策を講じることができ、仕事の効率を上げられるでしょう。鈴木さんも、ピアサポーターから過去の成功事例を聞き、相談できる然るべき人につなぐなどの対応法を知れば、それを講じることによって有効な方法を試すことができます。

［アフターフォローについて］

ピアサポーターは一度のサポートで終わらせず、アドバイス後もフォローアップをして、状況確認をします。アドバイスが課題に沿ったもので効果的であったか、または新たな問題が発生していないかを確認することで、長期的なサポートが実現します。Ｖさんや鈴木さんがアドバイスを実践し、一定の成果が出たあと、ピアサポーターがその後の経過を確認することで、彼らは課題解決に向けたさらなるサポートを得ることができます。

ピアケア制度導入に際して気をつけること

最も重要なことは、社内の人が相談しやすい環境づくりでしょう。ピアケアサポートが効果を発揮するためには、従業員が安心して相談できる環境が必要です。信頼できる空間や時間を提供することで、相談する側の心理的なハードルを下げることができます。たとえば、ソフトバンクではピアサポーターが誰なのか分かるように、ピアケアサポートのイメージキャラクターでもあるピンクのウサギが描かれたピンバッチや、他社員とは異なるピンク色のストラップをかけるなどしています。これにより社内周知に大きく貢献し、相談しやすい風土ができているようです。

相談しやすい環境づくりをするうえでもう1つ重要なことは、ピアサポーターが守秘義務を必ず守ることです。在職中はもちろん、退職後も相談内容を厳重に守秘することが求められます。守秘義務は、相談者が安心して話せる環境を保つために不可欠であり、相談内容の保管方法などについても、細かいルールを作成し遵守することが大切です。文書管理の方法は、行政機関や民間企業などそれぞれの組織の規律に従って定めることになります。守秘義務の徹底は、ピアサポーターの教育プログラムにおいて特に重視されるべきポイントといえるでしょう。

［社内の相談事に対するアドバイスのノウハウの蓄積］

ピアサポーターが提供するアドバイスは、個々のケースに基づいたものであるべきです。相談者のニーズをしっかりヒアリングし、課題を明確にしたうえで、過去の事例で蓄積されたノウハウを活用することで、より効果的なサポートが可能となります。

それ以外でもたとえば、業務改善に関する課題に対するアドバイスのノウハウを社内で共有することで、他の従業員も同様の課題に対処しやすくなります。過去の事例に、発達障害やグレーゾーンで悩んでいる社員やその上司・部下などの事例、成功・失敗した対応法なども入れていきます。

［ピアサポーターに適した人とは］

どんな人がピアサポーターに合っているかという点も重要です。ＳＢアットワークでは、ピアサポーターに任命されるに際して、面接などのほかに、上長からの推薦コメントによっても審査が行われるということでした。一般的に、ピアサポーターに適した人物は、傾聴力がある人（共感力が高く、他者の話を丁寧に聞くことができる人）で、他人に安心感を与えられる人です。同時に社内の業務に精通しており、問題解決能力が高いこと、ある程度以上の守秘義務情報にアクセスできる立場であることも重要な要素です。たとえば、人事や教育担当者、長年の勤務経験を持つベテラン社員などが適任である場合が多いです。

ピアサポーターという名前ではありませんが、行政機関では金融庁でもベテラン職員がアドバイザーのような役割で仕事の相談などに対応している制度があり、機能しています。そのような職員たちは、メンタルヘルスの専門家などから研修なども受けて、傾聴力を高めています。筆者は、このような制度があること自体が職員を大切に思っているというメッセージになると思っています。

グレーゾーン対応などの場合では、職場で上手くいった事例を持つ当事者や上司などがピアサポーターとして活躍するケースも考えられるでしょう。ピアサポーターには、グレーゾーンの才能や持ち味を引き出し、職場で活躍できるような状況をつくり出すことも求められます。

［ピアサポーターに対しての教育プログラム］

ピアサポーターの育成には、メンタルヘルスやキャリアに関する基礎知識の習得や、カウンセリングマインドをベースとしたコミュニケーション技術の向上などを目的とした教育プログラムが必要です。特に、傾聴力は必須ですが、これは練習によって高めることができます。座学だけではなく、たとえば、専門家によるワークショップや、ロールプレイを用いた実践的なトレーニングが効果的です。

相談内容によっては、然るべき専門家につなぐことも重要な役割となります。ソフトバンクのピアサポーターは、相談者の同意をとったうえで、産業医やカウンセラーが所属する本社のウェルネスセンターにつなぐようにしているそうです。ピアケアにおいては、制度運営に関係する人たちが、専門家につなぐタイミングや伝達方法などの知識を共有しておくことが必須だといえます。

[持続可能な状態にするためのアイディア]

ピアケアサポートを持続的に運用するためには、定期的なフォローアップやレベルアップ、ピアサポーター同士の情報共有の場を設けることが重要です。サポートを受ける側だけでなく、ピアサポーター自身のメンタルケアも必要になります。筆者は、某県のすべての市町村から課長補佐級が集まる研修のワークショップで、ピアケア制度の課題点をチームごとに抽出し、発表してもらいました。その結果、ほぼすべてのチームが課題点にピアサポーターの負担を挙げていました。

ピアサポーターは、通常業務に加えて相談対応をしているケースがほとんどです。カウンセリングなどのトレーニングを受けていない人にとって、悩みごとを聴くこと自体がストレスになり、一定の負担があります。その対応策としては、定期的なメンタルヘルスチェック、リフレッシュのための休暇制度を設けること、カウンセリングトレーニングを受けることなどが考えられます。

これまで筆者は、ケアに関する基本的な研修では、4つのケアの中のセルフケアとラインケア、そしてチームケアを中心に説明してきました。これらのケアを組織で共有すること自体に意味がありますし、1人ひとりの従業員や管理職が、自分ごととしてケアを実施できれば、チームに良い影響をもたらすことができます。また、これらのケアは、ピアケア制度の基盤となります。

「チームの人間関係が良くないので相談しにくい」「利害関係者に相談することの不

利益はどうなのか」といった不安がある職場では、これらの課題をクリアし、組織が自分たちの力で課題を解決していく力を得られる制度が「ピアケアサポート」になります。この制度は、導入していく組織によってさまざまな形になりますが、発達障害やグレーゾーンの方への対応法なども含め、大きな可能性を秘めています。

ピアケアサポートとは少し別の話になりますが、金融庁は障害者雇用などにおいて、採用段階からその後のケアまでフォローアップが充実した制度設計を行っています。心理や福祉の専門家を配置して、ミスマッチが起きないよう採用前から丁寧にヒアリングし、採用後は、本人だけでなく上司なども障害者との関わり方について気軽に相談できます。このような取組みは、特に異動の多い官公庁などでは、要配慮事項などについて異動の際に次の上司に引き継げるなどメリットがあり、障害者も安心して働き続けることができます。官公庁が率先して、このような丁寧な仕組みを入れていくことはパーパス経営とも通ずる点があります。

さらにピアケアという制度は、日本でも多くの企業が経営理念に取り入れ、広がりを見せているＤＥ＆Ｉという概念とも親和性が高いでしょう。ＤＥ＆Ｉは、企業の理念や経営方針に多様性・公平性・包括性といった価値観を取り入れ、公平な機会のもとで多様な人材が互いに尊重し合って最高のパフォーマンスを発揮するという概念です。

グレーゾーンに関しても、当事者やその上司・部下だけで悩むのではなく、組織全体の課題として受け止めてクリアしていくことが、成長のチャンスとなります。そのように捉えて対応していく組織であることが、重要ではないでしょうか。

本書は、グレーゾーンをテーマにした内容ですが、多様な1人ひとりの社員が組織に愛着を持ち、誰もが安心して働ける職場づくりをすることにつながれば嬉しく思います。

おわりに

ここまで本書をお読みいただき、本当にありがとうございます。

皆様はどのような立場で本書を読み進めていただいたのでしょうか。グレーゾーンへの理解は深まりましたでしょうか？

もしかしたら、ますますグレーゾーンや発達障害というものが分からなくなったという人も、おられるかもしれません。

理解しようと努力したうえでの「分からない」と、目の前の現象だけを捉えているときの「分からない」とでは、大きな違いがあります。私は、人は深くものごとを知ろうとすればするほど、自分がその世界について知っていることは僅かであると感じ、「難しい」という感想が出てくるのだと思います。これが前者の「分からない」に通じます。

目の前の現象（グレーゾーンが疑われる部下がいる）だけを捉えようとした場合の「分

からない」（本書をお読みいただいた皆様には当てはまりませんが）を言い換えると、グレーゾーンは「未知のもの」「知らないこと」「定型外」ということになります。人は、「未知のもの」を不気味に感じたり、「定型外」を面倒に思ったりするところがあり、このような感じ方や考え方が「差別」を生むのだと思います。

2024年8月8日、私はこの原稿を書いているところです。先月下旬に重症の急性声帯炎を起こしたことで、今、声がほとんど出ない状態が続いています。そうなって驚いたのは、声を出せないと私の仕事の8割ができない状態になったことです。カウンセリングも研修講師も打ち合わせも、私の場合は声を出せないのであれば仕事にならないのです。ずっとこのままだったらどうなるのだろうと、病院でなにげなく点滴を眺めながら、心が芯から疲弊していると感じていました。人は誰でも、自分とは関係のない「あっち側」だと思い込んでいた障害者や適応障害に、いつでもなりうるのです。

ここで、私自身のことについて、紹介したいと思います。

私は、中学校2年生の終わり頃、親の転勤で渡米することになりました。親も時間に余裕がない中での渡米だったのだと思いますが、現地で私が通学する学校も決まっていないような状態でした。そして、いろいろな事情（アメリカの高校は4年制など）により、私は中学ではなく、現地の公立高校に通うことになりました。日本の中学2年生レベルの英語力で、現地校の授業を聞き取ることは難しかったのですが、そのことよりも価値観の違いに打ちのめされたことがありました。

数学のクラスでの出来事でした。先生はよく計算問題を出しては、「分かる人？」と生徒に挙手させていました。正直に言って、そんなに難しい計算問題ではなく、私でも解答できる問題がほとんどでした。

しかし、日本人は中学生くらいになると、答えが分かっていても、手を挙げてまで答えたりしない傾向があります。しかも、私がいるのはアメリカの現地校で、自信がない英語で答えなければならないという罰ゲームのような環境でした。アメリカでは「黙っている（挙手しない）」ということは、授業についていけない、発達的な問題を抱えているのではないか、と判断されるようでした。

英語が話せなかった私は、挙手しない理由を上手く説明できず、心理学の専門家が同席して、ＩＱテストやカウンセリングを受ける羽目になりました。専門家が小学校低学年くらいの子どもが喜びそうな人形を持って笑いかけてくるのを見て、私はいろいろなことを悟りました。「私はここでは〝異質〟の存在なんだ」。

結果的にＩＱテストなどでは問題なかったので、今度は「ではなぜ授業に参加しなかったのか」と言われ、反抗的な態度の生徒というレッテルを貼られました。そのとき、とても悔しい思いをしたことを覚えています。私はそれ以来、環境次第でこんなに自分の存在（見え方）が変わってしまうのであれば、「もうどう思われてもいい」という開き直りの心境になりました。結果的に私は、通常卒業まで4年かかるところを3年で卒業しました。

今になって思うと、私にグレーゾーンを疑うような特性があったことが、これに関係しています。私は物心ついたときから、女の子のグループに所属して行動をともにすることが苦手でした。通っていたのはアメリカの現地校ですが、日本人生徒のコミュニティもできていました。日本人女子のグループもできていて、ボスのような生徒がいて、ランチやトイレなど常に複数で行動しているようなグループでした。

渡米したばかりの頃に、私はそのボスから声をかけられ、本当は嫌だけど背に腹はかえられぬと、行動をともにしていました。しかし、「どう思われてもいい」という心境になってからは、私は「女子のグループとか苦手だから好きに行動するね」と突然の宣言をして抜けることになります。ボス女子からなにを言われても、なにをされても、どうでも良くなっていました。

そして、部活やクラブに入り、とりあえずいろいろなことを始めました。日本の中学では、「入部を決めた部活で頑張るべき」とか「一人行動は協調性に欠ける（ように見える）」など、暗黙の了解である独特のルールがあったように思います。アメリカでも私は、できるだけ自分が「異質」であることを悟られないよう、どこかのグループに所属して協調性があるという演技を続けていたのでしょう。

しかし、アメリカでは合わないと思ったものをやめて新しいことを始めても、誰も文句を言いません。責任を取るのは自分ですが、敗者復活戦みたいなものは、自分の行動次第で、いつでも手にすることができる国でした。アメリカは案外、自分に合っているのではと思ったのはこの頃です。

帰国後は、社会人になったら自分や社会にとって〝意味〟があると思える仕事をしたいという考えを持つようになりました。社会人1年目の研修受入れ先部署の女性上司にはっきりものを言って、人事にクレームが入ったこともありましたし、どうしてもその仕事に意義を見い出せず、早々と辞めた会社もあります。私は環境によっては、「グレーゾーン」に見えてしまうこともあるかもしれません。

その一方で私は、意味があると思ったことは、最後までやりきる根気があります。大学院の研究では、国会議員秘書のストレス研究をやると決め、顔見知りでもなんでもない議員秘書のところへ行っては、ひたすら頭を下げて研究への協力をお願いしていました（私は議員秘書経験もありますが、他の事務所に知人はほとんどいませんでした）。怪しい人に見えたのか、衛視の方から何度も声をかけられました。

大学院では、一部の先生方から「重箱の隅をつつくような研究」「非現実的」などと言われましたが、私の指導教員は「日本初の対象で新規性がある」と丁寧に指導してくださいました。博士課程にも進学し研究を続けられた結果、この研究はメディアにたくさん取り上げていただき、社会貢献もできました。博士課程の修了時には、大学から賞もいただきました。

私は、自分のグレーゾーンかもしれないと思う特性（少し偏りのある根気強さやこだわりなど）が研究に上手く作用したと思いますが、それより大きく影響したのは、未知の対象領域の研究を受け入れてくれた指導教員の存在だったと思っています。私は、この教授の指導を受けていなければ、大学院の「グレーゾーン」や「適応障害」だったかもしれません。このように環境次第で人は、多少なりとも社会貢献ができるのだと思います。

ここまで私自身の経験談を長々とさせていただいたのは、職場での発達障害やグレーゾーンの問題を考えるとき、本文で何度か言及したように、「事例性」が大切だからです。診断がつく・つかないという「疾病性」もさることながら、その人の「特性」ゆえになんらかの困りごとがあるのかどうか、なにか不都合なことが起きているのかどうかが重要です。

「特性」が問題にならず、本人の個性や能力を発揮できる環境にいるならば、あえて発達障害という疾病にカテゴライズする必要はありません。発達障害という診断がつくことによって、その人が異質な存在になってしまい、「差別」が生まれることもあります。もし、その人の特性からくる困りごとや不都合を、本人や周りの工夫や努力で上手くカバーできるのならば、その人の才能や能力を活かすことを考えるほうが、個人にとっても全体にとっても生産的です。

発達障害やグレーゾーンであるかどうかは、環境によって決まる部分も大きいのです。自分に発達障害の傾向があると思ったら、なにかに困ることなく自分の能力を活かせる環境に調整できるのかどうか、考えてみると良いでしょう。上司に当たる方もまた、部下に発達障害の傾向があると思ったら、「困りごと」を回避できるか、本人の能力を活かせる環境づくりができるのか考えてみることをお勧めします。グレーゾーンの部下への接し方に困っても、自分に管理能力がないからだなどと悩まずに、彼らを「活かす」という発想の転換ができればと思います。

発達障害やグレーゾーンなど「異質」と思われる可能性のある人たちが、組織の一員として能力や持ち味を発揮できるような方向に、企業を含めた社会全体が変わっていくことを願っています。本書は、そのような目的を持って書き進めてきたつもりですし、私はその一助となれるよう全力を尽くして取り組んでいきたいと思っています。本書によって、発達障害やグレーゾーンに関する理解が深まり、彼らにレッテルを貼ったり特別視したりするのではなく、特殊な個性や能力があればそれに着目して、活かせるような社会になることを祈っています。

舟木《ふなき》彩乃《あやの》

謝辞

本書を執筆するにあたり、たいへん多くの方々のお力添えをいただきました。

私が国会議員秘書のストレスに関する研究を博士論文にまとめることができたのは、指導教官であった筑波大学の水上勝義教授のご指導があってのことです。

株式会社メンタルシンクタンクの代表取締役社長であり、国会議員政策担当秘書の資格保持者である浜崎篤人氏には、国会議員秘書のストレス研究などで貴重なアドバイスをいただき、本書の内容もご確認いただきました。

株式会社シーピーユー代表取締役社長であり、健康経営の専門家でもある米田哲郎氏には、本書の内容をご確認いただくとともに、とくに第6章の組織の対応などについて多くの示唆をいただきました。

その他、SBアットワーク株式会社や、一般社団法人企業広報研究ネットワークをはじめ、さまざまな機関や専門家の方々からご教示いただいたおかげで幅広い領域を扱うことができました。

そして、友人や家族たちからも応援や励ましの言葉をいただきながら、大きな力をもらいました。

また、本書の編集を担当していただき、本作品を世に送り出してくださったSBクリエイティブ株式会社の飯銅彩氏、フォローしてくださった編集長の鯨岡純一氏に、心より感謝いたします。

最後に、本書を手に取っていただき、ここまでお付き合いくださった読者の皆様に、心よりお礼申し上げます。

ルヘルス問題』中央経済社 /2016
・森晃爾、井上幸紀著『おとなの発達障がいマネジメントハンドブック：特性と事例性 職場での困りごとから考える』労働調査会 /2021
・内閣府「令和６年４月１日から合理的配慮の提供が義務化されました」(https://www8.cao.go.jp/shougai/suishin/pdf/gouriteki_hairyo2/print.pdf)
・政府広報オンライン「大人になって気づく発達障害　ひとりで悩まず専門相談窓口に相談を！」(https://www.gov-online.go.jp/useful/article/202302/1.html)
・政府広報オンライン「NO パワハラ　なくそう、職場のパワーハラスメント」(https://www.gov-online.go.jp/useful/article/201304/1.html)
・厚生労働省「就労パスポート」(https://www.mhlw.go.jp/content/000928590.pdf)
・厚生労働省「第８回 メンタルヘルスの４つのケアってなんだろう？」『こころの耳』(https://kokoro.mhlw.go.jp/usagi/ug008/)
・厚生労働省、独立行政法人労働者健康安全機構「職場における心の健康づくり～労働者の心の健康の保持増進のための指針～」(https://www.mhlw.go.jp/file/06-Seisakujouhou-11300000-Roudoukijunkyokuanzeneiseibu/0000153859.pdf)
・厚生労働省「就労準備支援事業従事者養成研修『講義（8）対象者別の特性理解』」(mhlw.go.jp/stf/seisakunitsuite/bunya/0000150350_00008.html)
・舟木彩乃「「部下が発達障害かも？」上司のメンタルが病む前に専門家に相談を」Yahoo! ニュース（https://news.yahoo.co.jp/expert/articles/4cddbcabcd320da72afcbf82e990de5e325b3c9a）
・舟木彩乃「職場のストレス・マネジメント術」毎日新聞経済プレミア(https://mainichi.jp/premier/business/%E8%81%B7%E5%A0%B4%E3%81%AE%E3%82%B9%E3%83%88%E3%83%AC%E3%82%B9%E3%83%BB%E3%83%9E%E3%83%8D%E3%82%B8%E3%83%A1%E3%83%B3%E3%83%88%E8%A1%93/)
・毎日新聞オピニオン「国会に『通報窓口』設けよ」2024 年７月 24 日

参考文献

・市橋秀夫監修『大人の発達障害：生きづらさへの理解と対処（健康ライブラリー　スペシャル）』講談社 /2018
・貝谷久宣、福井至監修『図解 やさしくわかる認知行動療法』ナツメ社 /2012
・佐藤恵美著『もし部下が発達障害だったら』ディスカヴァー・トゥエンティワン /2018
・島井哲志、長田久雄、小玉正博編『健康・医療心理学入門：健康なこころ・身体・社会づくり』有斐閣 /2020
・日本精神神経学会監修 / 髙橋三郎、大野裕監訳 / 染矢俊幸、神庭重信、尾崎紀夫、三村將、村井俊哉訳『DSM-5 精神疾患の分類と診断の手引』医学書院 /2014
・林寧哲、OMgray 事務局監修『大人の発達障害グレーゾーンの人たち（健康ライブラリー　スペシャル）』講談社 /2020
・舟木彩乃、水上勝義「精神科医に求められる役割とメンタルヘルス」『新薬と臨牀』第 65 巻 6 号 / 医薬情報研究所 /2016
・舟木彩乃、水上勝義「国会議員秘書のストレスに関する研究」『産業ストレス研究』第 25 巻第 3 号 / 日本産業ストレス学会 /2018
・舟木彩乃、水上勝義「国会議員秘書のストレスに関する研究―4 名のライフストーリー・インタビュー調査から―」『文理シナジー』第 21 巻第 1 号文理シナジー学会 /2017
・舟木彩乃、水上勝義「地元事務所に勤務する国会議員秘書のストレスに関する研究―議員会館勤務の国会議員秘書のストレスとの比較」『文理シナジー』第 24 巻第 1 号文理シナジー学会 /2020
・舟木彩乃『「首尾一貫感覚」で心を強くする』小学館新書 /2018
・舟木彩乃『過酷な環境でもなお「強い心」を保てた人たちに学ぶ「首尾一貫感覚」で逆境に強い自分をつくる方法』河出書房新社 /2023
・舟木彩乃『「なんとかなる」と思えるレッスン―首尾一貫感覚で心に余裕をつくる―』ディスカヴアー・トゥエンティワン /2023
・宮尾益知監修『女性のアスペルガー症候群』講談社 /2015
・宮尾益知監修『女性の ADHD』講談社 /2015
・メンタルヘルス実務研究会編『産業医と弁護士が解決する社員のメンタ

著者略歴

舟木 彩乃（ふなき・あやの）

ストレスマネジメント専門家。公認心理師・精神保健福祉士。博士（ヒューマン・ケア科学／筑波大学大学院博士課程修了）。博士論文の研究テーマは「国会議員秘書のストレスに関する研究」。株式会社メンタルシンクタンク（筑波大学発ベンチャー）副社長。文理シナジー学会監事。一般社団法人企業広報研究ネットワーク理事。AIカウンセリング「ストレスマネジメント支援システム」発明（特許取得済み）。カウンセラーとして約1万人の相談に対応し、中央官庁や地方自治体のメンタルヘルス対策に携わる。Yahoo!ニュース エキスパートオーサーとして「職場の心理学」をテーマにした記事、コメントを発信中。著書に『「首尾一貫感覚」で心を強くする』（小学館新書）、『「なんとかなる」と思えるレッスン』（ディスカヴァー・トゥエンティワン）等がある。

X（エックス）にて職場のメンタルヘルスなどをテーマとした勉強会（不定期）やイベント、集団セラピーなどを案内している。

https://x.com/funakiayano

SB新書　672

発《はっ》達《たつ》障《しょう》害《がい》グレーゾーンの部《ぶ》下《か》たち

2024年11月15日　初版第1刷発行

著　　者　舟《ふな》木《き》彩《あや》乃《の》
発 行 者　出井貴完
発 行 所　SBクリエイティブ株式会社
〒105-0001 東京都港区虎ノ門2-2-1
装　　丁　杉山健太郎
装丁イラスト　さとうりさ
本文デザイン　清水かな（クニメディア株式会社）
D T P　クニメディア株式会社
編　　集　飯銅 彩
印刷・製本　中央精版印刷株式会社

本書をお読みになったご意見・ご感想を下記URL、
または左記QRコードよりお寄せください。
https://isbn2.sbcr.jp/26372/

落丁本、乱丁本は小社営業部にてお取り替えいたします。

定価は、カバーに記載されております。

本書に関するご質問は、小社学芸書籍編集部まで書面にてお願いいたします。

ISBN　978-4-8156-2637-2